Perlen buddhistischer Weisheit

Sylvia Wetzel

Perlen buddhistischer Weisheit

Meditationen von A bis Z

Patmos Verlag

VERLAGSGRUPPE PATMOS

PATMOS
ESCHBACH
GRÜNEWALD
THORBECKE
SCHWABEN
VER SACRUM

Die Verlagsgruppe
mit Sinn für das Leben

Die Verlagsgruppe Patmos ist sich ihrer Verantwortung gegenüber unserer Umwelt bewusst. Wir folgen dem Prinzip der Nachhaltigkeit und streben den Einklang von wirtschaftlicher Entwicklung, sozialer Sicherheit und Erhaltung unserer natürlichen Lebensgrundlagen an. Näheres zur Nachhaltigkeitsstrategie der Verlagsgruppe Patmos auf unserer Website www.verlagsgruppe-patmos.de/nachhaltig-gut-leben

Bibliografische Information der Deutschen Nationalbibliothek
Die Deutsche Nationalbibliothek verzeichnet diese Publikation in der Deutschen Nationalbibliografie; detaillierte bibliografische Daten sind im Internet über http://dnb.d-nb.de abrufbar.

Verlagsgruppe Patmos in der Schwabenverlag AG, Ostfildern
www.verlagsgruppe-patmos.de

Umschlaggestaltung: Finken & Bumiller, Stuttgart
Gestaltung und Satz: Schwabenverlag AG, Ostfildern
Druck: GGP Media GmbH
Hergestellt in Deutschland
ISBN 978-3-8436-1440-5

Inhalt

Ich widme dieses Buch meinem Herzenslehrer Lama Thubten Yeshe, der mir ab 1977 den buddhistischen Weg eröffnet hat. Durch seine freie kulturelle Übersetzung der Lehren und Übungen machte er mir Mut, diesen Weg immer weiterzugehen – mit Geduld und Humor und sehr viel Freude am Erforschen und Ausprobieren dessen, was in unserer Kultur und Zeit funktioniert …

Zur Einstimmung

Seit 2013 interpretieren Vertreterinnen und Fachleute aus fünf Weltreligionen – Judentum, Christentum, Islam, Hinduismus und Buddhismus – alte und neue Texte aus ihren reichen Traditionen für die heutige Zeit. Diese zeitgemäßen und explizit kulturell übersetzten Überlegungen erscheinen im digitalen „Weisheitsletter" der ökumenischen Zeitschrift *Publik-Forum* (www.publik-forum.de/Wir-ueber-uns/Verlag/weisheitsletter). Seit Beginn darf ich jedes Jahr fünf bis neun Texte beisteuern, und die Beiträge aus den Jahren 2018–2022 finden sich nun in überarbeiteter Fassung in diesem Buch.

Das Schreiben der Beiträge für den „Weisheitsletter" macht mir große Freude, vermutlich auch deshalb, weil die Begegnung mit Menschen, die anders leben, glauben und beten, seit meiner Kindheit zu meinem Leben gehört. Ich wuchs in einer Großfamilie im liberalen Südbaden auf. Sie war bis zu meinen Urgroßeltern gemischt-konfessionell, und es gab auch ein paar altkatholische Schüler in der Grundschule. In unseren traditionsreichen Gasthof kamen Menschen aus allen Schichten, kleine Gewerbetreibende und Geschäftsfrauen, Bauern und Handwerker, Fabrikbesitzer und Akademikerinnen. Und viele Menschen aus Frankreich, England, Holland und aus dem Ruhrgebiet machten in den 1960er Jahren gerne Urlaub im „Herzen des Schwarzwalds".

So lernte ich nicht nur früh, dass es unterschiedliche Berufe und Lebensformen, andere Sprachen und Dialekte gibt, sondern auch, dass nicht alle Menschen katholisch oder evangelisch sind, sondern reformiert, anglikanisch oder ohne religiöse Bindung sein können. Mit meiner Mädchengruppe der interkonfessionellen Pfadfinderinnen besuchten wir mehrtägige Freizeiten, zum Teil mit anderen Gruppen aus Süddeutschland. Da gingen wir sonntags manchmal ganz ökumenisch mit Mädchen aus fünf, sechs Konfessionen in die einzige lokale Kirche am Ort, und es war nicht so wichtig, ob der Gottesdienst evangelisch, reformiert oder katholisch war. Manchmal war auch ein jüdisches Mädchen dabei. Das alles war für mich völlig normal.

Der Zeitgeist der 1970er Jahre inspirierte mich nach Abschluss meines Lehramtsstudiums und ein paar Jahren als Dozentin für Deutsch als Fremdsprache zu einer ersten Indienreise, von 1977–1979. Die Begegnung mit dem Tibetischen Buddhismus im nordindischen Dharamsala veränderte mein Leben. Ich tauchte ein in die Lehren und Übungen des Buddhismus und begann regelmäßig zu meditieren. Seit 1977 beschäftige ich mich intensiv vor allem mit dem Tibetischen Buddhismus und gebe meine Erfahrungen seit Mitte der 1980er Jahre in Kursen und Büchern weiter.

Als ich 1981 zusammen mit anderen ein buddhistisches Zentrum in Niederbayern aufbaute, es acht Jahre lang leitete und anfing, buddhistische Meditation zu unterrichten, gehörte der Dialog mit einem evangelischen Pfarrer, einem katholischen Priester und Mönchen des Benediktiner-Klosters Niederaltaich, die mit Erlaubnis des Papstes russisch-orthodox praktizieren durften, zum Alltag im Zentrum. Von Anfang an stand auch eine Marienstatue neben dem Buddha und der Grünen Tara auf unserem buddhistischen Altar.

Dieses Buch ist Ausdruck der Dankbarkeit für zwei zentrale Erfahrungen, die mein Leben bereichern: Zum einen inspiriert mich seit Kindheit die Begegnung mit Menschen, die anders glauben und beten, und zum anderen liebe ich schöne Texte. Schon als Kind schrieb ich Gedichte und schöne Zitate ab, und die Freude an alten und neuen Texten hält bis heute an. Gerade auch alte Texte aus der christlichen und buddhistischen Tradition regen mich immer und immer wieder dazu an, sie für unsere Zeit und auch für ein religiös nicht gebundenes Publikum zu übersetzen.

Die Reihenfolge der Texte dieses Buches entspricht nicht mehr der meiner Beiträge im digitalen Weisheitsletter. Ich habe mich für eine alphabetische Reihenfolge entschieden, da es mir hier nicht um eine umfassende oder systematische Darstellung des Buddhismus geht. Das geschieht eher in meinen Sachbüchern. In diesem kleinen Lesebuch empfehle ich ein eher meditatives, spielerisches Umkreisen von Themen aus unterschiedlichen Perspektiven. Lassen Sie diese 45 Perlen der Weisheit einfach auf sich wirken.

Einige Verse bzw. Zitate tauchen mehrmals auf, zum Teil in unterschiedlichen Versionen. Einige habe ich selbst aus dem Englischen übersetzt und manche als singbaren Vers in Liedform formuliert. Jede Übersetzungsvariante kann und will einen anderen Aspekt beleuchten. Zu den Versen, die mehrfach auftauchen, gehören die Vier Unermesslichen Haltungen und die Vier Siegel des Buddha – zwei Ansätze, die den Kern der Lehren auf den Punkt bringen.

Die Vier Unermesslichen oder Heilenden Haltungen sind Liebe, Mitgefühl, Freude und Gleichmut, und zu den Vier Siegeln des Buddha gehört die Anerkennung der Drei Daseinsmerkmale – Leiden, Unbeständigkeit und Unkontrollierbarkeit – als Teil des Lebens, die zum Ende des Haderns führen können. Beide zusammen ermöglichen einen realistischen Blick auf uns selbst und das ganze Leben und fördern ein kluges und mitfühlendes Umgehen damit.

Ich danke der Herausgeberin des digitalen Weisheitsletters, Prof. Dr. Katharina Ceming, sehr herzlich für ihre Einladung, an diesem wunderbaren Projekt mitzuwirken. Und Claudia Lueg und Dr. Christiane Neuen vom Patmos Verlag für ihre Bereitschaft, diese Texte als Buch herauszubringen.

Noch ein Hinweis zur Sprache: Mir ist eine geschlechtersensible Sprache wichtig. Da mechanisches Gendern aus meiner Sicht das Nachdenken über Geschlechterrollen und Identitäten eher blockiert als fördert, experimentiere ich mit einem situativ angemessenen und manchmal vielleicht auch provozierenden Wechsel von weiblichen, männlichen und allgemeinen Begriffen. Fremdsprachliche Fachbegriffe nenne ich bei Bedarf im indischen Sanskrit (skr.), der internationalen Sprache des Mahayana.

Mögen die Perlen buddhistischer Weisheit Ihr Leben erhellen.

Maria Himmelfahrt, 2022
Sylvia Wetzel

Teil 1

Buddhismus in der Nussschale

Was ist Buddhismus? || Die Vier Edlen Wahrheiten ||
Viele Schulen des Buddhismus || Warum und wozu üben?
Motive und Absichten || Zu diesem Buch ||
Sieben Übungen

Was ist Buddhismus?

Der Begriff Buddhismus ist eine westliche Erfindung, in Analogie zu allerlei Ideologien und -ismen in Europa: Humanismus und Liberalismus, Marxismus und Sozialismus usw. Manche Gelehrte verwendeten in Anlehnung an „Christentum“ eine Weile den Begriff Buddhatum. Das hat sich aber nicht durchgesetzt.

Der Buddha lebte und lehrte vor etwa zweieinhalbtausend Jahren in Nordindien. Seine Lehren wurden ein paar Jahrhunderte lang mündlich übermittelt und erst kurz vor der Zeitenwende in den indischen Sprachen Pali und Sanskrit aufgezeichnet. Ich verwende in diesem Buch, wie bereits erwähnt, die Sanskrit-Fachbegriffe, denn das ist die internationale Sprache des Mahayana.

Im indischen Sanskrit spricht man von „Dharma“, von dem, was uns trägt (von skr. *dhri*, tragen). Menschen im heutigen Europa fragen sich häufig: Ist Buddhismus eine Religion oder eine Philosophie, eine praktische Psychologie oder ein spiritueller Weg? Eine lebendige Religion ist für mich all das und noch vieles mehr, was wir in Worten und Begriffen weder ausdrücken noch fassen können.

Die Lehren und Übungen des Buddha wurden zu unterschiedlichen Zeiten in unterschiedlichen Kulturen in Ostasien übernommen und kulturell integriert, interpretiert und dadurch auch verändert. Seit über hundert Jahren befassen sich auch Menschen in Europa und in den USA mit verschiedenen buddhistischen Lehren und Übungen. Es gibt in diesem Sinn keinen „wahren“, „richtigen“ oder „echten“ Buddhismus, sondern viele historische und kulturellen Varianten, und das ist auch gut so.

Die Vier Edlen Wahrheiten

Der Buddha „erwachte“ im nordindischen Bodhgaya aus dem Schlaf der Unwissenheit, d. h. aus der gedanklichen und emotionalen Fixierung auf Vorstellungen über sich selbst und die Welt. In seiner ersten Lehrrede in Sarnath, in der Nähe des heutigen Varanasi, lehrte er Vier Edle Wahrheiten – bzw. in den Worten des modernen Interpreten Stephen Batchelor vier Tatsachen –, die wahr sind für edle Menschen:[1] Denn nicht die Wahrheiten sind edel, sondern die Menschen, die sie erkennen und annehmen für ihr Leben. Heute könnte man solche Menschen vielleicht bewusst, ethisch und verantwortungsvoll nennen.

1. *Leiden*: Es gibt Leiden, *natürliches* und *zusätzliches*. Das muss man wahrnehmen und spüren und vor allem unterscheiden lernen.
2. *Ursachen*: Die Ursache des natürlichen Leidens ist das Leben und die des zusätzlichen Leidens durch Gier, Hass und Verblendung in ihren 84 000 Varianten.
3. *Ende oder Aufhören*: Leiden hört auf, wenn wir seine Ursachen erkennen, Verblendungen verringern und uns nicht mehr völlig mit unseren Erfahrungen identifizieren.
4. *Weg*: Der Weg zum Ende des Leidens ist der Achtfache Pfad, eine lebenslange Übung in acht Bereichen des Lebens: Tiefe *Einsicht* und eine heilsame *Einstellung* geben Orientierung. Heilsames Verhalten mit *Körper* und *Rede* und ein heilsamer *Lebenserwerb* helfen uns, immer bewusster zu werden über unser Verhalten und seine Folgen für uns und andere. Dabei unterstützen uns regelmäßiges *Üben*, *Achtsamkeit* und *Sammlung*.

Diese Vier Wahrheiten oder Tatsachen werden in unterschiedlichen Strömungen des Buddhismus unterschiedlich gewichtet. Man unterscheidet vor allem drei Fahrzeuge (*yana*): erstens den frühen Buddhismus, zweitens das allgemeine Mahayana mit dem Bodhisattva-Weg und drittens die Lehren zu Buddha-Natur, der

Weisheit in allen und allem, mit dem Fokus auf einer reinen Sicht von allen und allem.

Viele Schulen des Buddhismus

Der Frühe Buddhismus: Reinigen und Ansammeln

Der Frühe Buddhismus wird auch Theravada, das Fahrzeug (*vada*) der Älteren (*thera*) genannt. Er betont das Sich-Reinigen von schädlichen Mustern und das Ansammeln heilsamer Eindrücke. Das geschieht vor allem durch die regelmäßige Praxis ethischer Regeln, von Großzügigkeit und einer freundlichen und mitfühlenden, freudigen und gleichmütigen Haltung uns selbst und anderen gegenüber. So lernen wir uns und anderen weniger zu schaden und üben konstruktives Verhalten ein.

Die Lehrerinnen und Mentoren dieser Variante des Buddhismus beziehen sich vor allem auf den Pali-Kanon, der drei, vier Jahrhunderte nach Buddhas Tod in der indischen Pali-Sprache zusammengestellt wurde. Er wird heute vor allem in Sri Lanka, Thailand, Burma und anderen ostasiatischen Ländern bewahrt und gelehrt. Im Zentrum steht für die Laien die Übung der Großzügigkeit und der ethischen Regeln und für Ordinierte vor allem Sammlung und Einsicht, auf der Basis von Ethik in Gestalt umfangreicher Ordensregeln.

Mahayana 1: Weisheit und Mitgefühl

Das *Mahayana*, das Große Fahrzeug, entstand um die Zeitenwende und gelangte von Indien nach China und Tibet, Korea und Japan und wird auch heute noch dort gelehrt und geübt. Es schätzt und übt die Lehren des Frühen Buddhismus und betont vor allem Mitgefühl und Einsicht in Leerheit und Bedingtes Entstehen und damit in die Verbundenheit von allem mit allem.

Einsicht, Erkenntnis oder Weisheit hat viele Dimensionen. Der Schlüsselbegriff Leerheit weist darauf hin, dass alle Begriffe Zuschreibungen und Interpretationen sind. Damit will das Mahayana zum Hinterfragen festgefahrener Meinungen und Ansichten inspirieren. Je mehr wir unsere eigenen Meinungen als bestenfalls gültige Konzepte erkennen, desto eher können wir uns für die Meinungen und Perspektiven von anderen öffnen und sie nachvollziehen.

Einsicht oder Erkenntnis ist also kein Selbstzweck, sondern dient vor allem als Mittel, um Vielfalt zu bemerken und die Verbundenheit von allem mit allem zu entdecken. Dabei unterstützen uns Vier Unermessliche Haltungen, *apramana*, bzw. Heilende oder Himmlische Haltungen, *brahmavihara*. Wir üben Freundlichkeit und Freude, wenn es gut läuft, und Mitgefühl und Gleichmut, wenn das Leben schwierig wird.

Zum Mahayana gehört auch das vor allem durch tibetische Schulen im Westen bekannte *Vajrayana*, das Unzerstörbare Fahrzeug, das sehr komplexe und anspruchsvolle Methoden lehrt. Da diese Übungen eine enge Begleitung erfordern, gehe ich hier nicht darauf ein.

Mahayana 2: Vertrauen in Buddha-Natur

Auf der Grundlage von Reinigen und Ansammeln, von Einsicht in Leerheit und Bedingtes Entstehen und der Entfaltung von Mitgefühl entsteht hoffentlich immer tieferes Vertrauen in Buddha-Natur, in die Weisheit in uns und allen. Und die Krönung des Weges ist der Bodhisattva-Pfad, auf dem wir uns um ein Leben zum Wohle aller bemühen.

Die Praxis der Vier Unermesslichen bzw. Heilenden Haltungen und die Beschäftigung mit Buddha-Natur verstärken sich gegenseitig. In aller Kürze: Die Übung der Vier Haltungen fördert zunehmendes Vertrauen in Buddha-Natur, und die immer tiefer werdende Einsicht in Buddha-Natur manifestiert sich immer müheloser als die Vier heilenden Haltungen.

Die Lehren über *Buddha-Natur*, bekannt vor allem durch die tibetischen Schulen und das

Japanische Zen, sprechen davon, dass alle Wesen und die ganze Welt aus einer unfassbaren tiefen Weisheit, skr. *jnana*, tib. *yeshe*, aus Buddha-Natur entstehen, darin leben und sich auch wieder darin auflösen. Das war und ist für mich eine wunderbare Brücke zum christlichen Bild der Schöpfung durch Gott und zu den Lehren vom Heiligen Geist, der uns alle begleitet. Der Buddha entspricht dann Jesus Christus und die Sangha der Gemeinde der Gläubigen.

Das Mahayana kennt unterschiedliche Buddhas, darunter auch einige in weiblicher Gestalt, die uns auf dem Weg begleiten können. Auch das sind sehr komplexe Lehren, die ich hier nicht vertiefen möchte und denen ich ein eigenes Buch gewidmet habe (Grüne Tara – Freie Frau).

Warum und wozu üben? Motive und Absichten

Es gibt eine kaum überschaubare Fülle von Büchern zum Thema Buddhismus. Ein kleiner Hinweis sei mir an dieser Stelle gestattet: Wie jeder religiöse oder spirituelle Weg braucht auch der buddhistische Weg unseren vollen Einsatz, wenn wir uns den beschriebenen Zielen annähern möchten. Es ist sicher zur Entspannung durchaus hilfreich, ein bisschen zu meditieren und sich von Meditations-Apps berieseln zu lassen, statt mit dem Smartphone zu spielen, mehr oder weniger kluge Bücher zu lesen oder vor dem Fernseher zu sitzen. Wenn wir aber darüber hinaus mit wirklicher Hingabe und einer guten Begleitung einen spirituellen oder religiösen Weg gehen, können wir außer ein bisschen Entspannung auch Wohlwollen, Freude und Mitgefühl, Gelassenheit, Geduld und Ausdauer, Mut und Zuversicht entdecken. Sie unterstützen uns dabei, im Auf und Ab des Lebens weder abzuheben noch zu verzweifeln. Es hängt also viel davon ab, was wir mit unserem Leben eigentlich anfangen wollen.

Eine intensive Beschäftigung mit buddhistischen Lehren und das regelmäßige Üben von Methoden, die zu uns passen, können die Beziehung zu uns selbst, zu anderen und zur Welt zum Heilsamen und Heilenden hin verändern. Wir lernen, unheilsames oder schädliches Verhalten im Denken und Fühlen, im Reden und Tun schneller zu bemerken, zu verstehen und abzubauen, und zwar ohne uns unter Druck zu setzen. Stattdessen üben wir heilsames Handeln ein – Schritt für Schritt.

Der Buddha beschreibt vier unterschiedliche Einstellungen. Die Reflexion darüber hilft uns bei der Klärung unserer Prioritäten. Dann können wir besser unterscheiden, aus welchen Gründen oder *warum* (Motivation) und *wozu* (Absicht) wir etwas tun, und auf diese Weise entscheiden, was wir tun wollen und was wir lieber lassen sollten. Die ersten beiden Einstellungen nenne ich „Motive", denn der psychologische Begriff Motivation hat vor allem mit früheren Erfahrungen zu tun. Die nächsten beiden Einstellungen orientieren sich eher an einem Ziel und deshalb nenne ich sie „Absichten".

Zwei Motive und zwei Absichten

Wir wollen erstens angenehme Gefühle *hier und jetzt sofort* und zweitens gute Umstände und Bedingungen schaffen, damit wir *langfristig* mehr Glück und weniger Leid erleben und bei anderen anrichten. Drittens wollen wir *schädliche Muster* in uns selbst erkennen und abbauen und viertens ein Leben zum eigenen *Wohl* und dem aller führen.

Vor allem diese vierte Absicht öffnete mir die Tür zum Buddhismus. Als ich mit Ende zwanzig im nordindischen Dharamsala tibetischen Lamas begegnete und von einem „Leben zum Wohle aller" hörte, traf mich das mitten ins Herz. So etwas hatte ich eher unbewusst als bewusst mein ganzes Leben lang gesucht.

Ich bin 1949 geboren und habe 1968 Abitur gemacht. Es gab in der linken Studenten- und

Frauenbewegung und unter Hippies immer ziemlich klare Feindbilder. Das passte einfach nicht zu meiner Lebenserfahrung als Tochter einer badischen Gastwirtin mit drei Brüdern und einer bunten Großfamilie.

Ich will *verstehen, warum* Menschen sich gut oder schlecht benehmen und warum sie anderen Schaden zufügen. Ich will sie nicht vorschnell verurteilen und abwerten. Ich brauche keine Feindbilder und finde ein Leben zum Wohle aller zwar weiterhin sehr herausfordernd, aber auch sehr inspirierend. Darum bemühe ich mich.

In freier Interpretation der drei großen Strömungen des Buddhismus experimentiere ich seit einigen Jahren mit den Vier Edlen Wahrheiten in drei Runden. Falls Sie dieser Ansatz inspiriert, suchen Sie sich eine Lehrerin oder einen Lehrer Ihres Vertrauens, die oder der Sie mit verständlichen Unterweisungen auf Ihrem Weg begleitet. Texte und Bücher sind zwar auch für mich ein unverzichtbarer Teil des meditativen oder spirituellen Weges, aber sie können eine kompetente persönliche Begleitung nur ergänzen, aber nie ersetzen. Und dann geht es um:

1. Reinigen und Ansammeln mit der Praxis von Ethik und den Vier Unermesslichen Haltungen.

2. Gute Bedingungen schaffen für tiefes Vertrauen in Buddha-Natur durch Einsicht in Leerheit und Bedingtes Entstehen und die Beschäftigung mit Verbundenheit und Mitgefühl.
3. Wir gehen den Bodhisattva-Weg, inspiriert durch die Vier Zen-Gelübde, die diesen Weg in vier poetischen Zeilen zusammenfassen (siehe Teil 2, S. 56), und weitere für uns stimmige Lehren und Übungen.

Zu diesem Buch

Die ausgewählten Zitate beleuchten unterschiedliche Aspekte des buddhistischen Weges, denn Menschen sind und bleiben verschieden und brauchen unterschiedliche Methoden und Ansätze.

Ein Vorschlag: Sie können zunächst das ganze Buch in Ruhe durchlesen oder je nach Interesse ein Thema, das Sie gerade beschäftigt, auswählen. Ich beschäftige mich z. B. gerne eine Woche lang mit einem einzigen Thema. Ich lese dann jeden Tag ein, zwei Verse oder Zitate, und das an vier oder fünf Tagen die Woche und bewege sie jeweils eine Weile im Herzen.

Wer systematisch meditieren oder üben möchte, kann sich mit den folgenden kleinen

Übungen einstimmen. Ein paar Minuten Atem-Meditation oder formelles Gehen wirken vor allem beruhigend, und danach können Sie jeweils ein Thema, das Sie berührt, näher erforschen. Die Tradition empfiehlt, zu Beginn einer Übung kurz auf Motive und Absichten zu achten, und am Ende die Einsicht in einem Satz, Wort oder Bild auf den Punkt zu bringen und die positive Energie dem Wohle aller Wesen zu widmen.

Sieben Übungen

Atem spüren mit und ohne Worte

Setzen Sie sich auf einen Stuhl, so stabil, aufrecht und entspannt wie möglich, und achten Sie mit etwa zehn Prozent Ihrer Aufmerksamkeit auf den natürlichen Atemrhythmus mit oder ohne Worte. Sie können auch im Rhythmus des Atems „Ja – Danke“ sagen. Beginnen Sie mit fünf bis zehn Minuten, und wenn Sie damit etwas vertraut sind, auch zwanzig bis dreißig Minuten.

Gehen mit „Ja – Danke“

Gehen Sie in Ihrem Flur, im Garten oder an einem anderen ruhigen Ort fünf bis zehn Minuten oder auch länger etwa zehn, fünfzehn

Schritte hin und her. Sagen Sie dabei innerlich „Ja – Danke" im Rhythmus der Schritte. Wechseln Sie bei Bedarf das Tempo und gehen Sie mal schneller oder langsamer. Falls Sie wenig Platz haben, können Sie auch „kreativ auf der Stelle treten" und am Fenster oder in einer ruhigen Ecke eine Gehmeditation machen. Diese Übung können Sie auch auf dem Weg zur Arbeit oder zum Einkaufen, zum Bus oder zur Bahn machen. Ab und zu denken Sie vielleicht dann auch daran, dass das Leben nicht nur anstrengend oder langweilig ist, sondern auch ein Geschenk und ein Wunder.

Aufhänger, Stimmung, Hintergrund

Denken Sie an eine kleine Irritation heute oder gestern. Was hat dabei mitgespielt? Was war der Auslöser oder Aufhänger für Ihren Ärger? In welcher Stimmung oder Verfassung waren Sie, unmittelbar davor: entspannt oder aufgeregt, müde oder in einer neutralen Stimmung? Was haben Sie von sich oder den anderen erwartet? Welches Muster wurde getriggert? Wie alt sind Sie, wenn Sie sich so fühlen oder verhalten?

Sie können diese Übung auch mit einer angenehmen Situation durchführen und schauen, wie Aufhänger, aktuelle Stimmung, Erwartungen und Gewohnheiten zusammenwirken.

Leiden
Fragen Sie sich: Worunter leide ich häufig? Und worunter selten? Sind das natürliche Leiden, die zum Leben gehören: Geburt, Alter, Krankheit, Sterben und Tod; verlieren, was ich liebe; nicht bekommen, was ich will; bekommen, was ich nicht will; nie sicher sein vor Leid, auch wenn alles gerade gut läuft?

Welche zusätzlichen Leiden kenne ich: Widerstand gegen natürliches Leiden und gegen die Unbeständigkeit und Unkontrollierbarkeit des Lebens?

Motive und Absichten für die Meditation
Was wünschen Sie sich von der Meditation? Überlegen Sie sich einmal im Monat, welche Motive und Absichten Sie inspirieren: Will ich schnell angenehme Gefühle erleben oder langfristig angenehme Gefühle, Sicherheit und Zugehörigkeit erleben? Will ich Einsicht in schädliche Muster gewinnen und mich davon mehr und mehr befreien oder die Fähigkeit entwickeln, mich und andere auf ihrem Weg zu mehr Liebe, Kraft und Weisheit zu inspirieren und zu unterstützen?

Prioritäten prüfen
Notieren Sie zehn Dinge, die Ihnen am Herzen liegen, und dann zehn Dinge, die in den letzten

Wochen oder Monaten im Vordergrund standen. Je mehr die beiden Listen übereinstimmen, desto zufriedener sind Sie vermutlich mit Ihrem Leben. Wenn wir Raum für das schaffen, was uns am Herzen liegt, können wir unsere Verpflichtungen in Ruhe erledigen und Zeit für das Wesentliche finden.

Sternstunden

Denken Sie an eine kleine Situation heute oder gestern, in der Sie sich wohlgefühlt haben. Welche Bedingungen haben dabei mitgespielt? Was können Sie in den nächsten Tagen von Ihrer Seite aus tun bzw. lassen, das solche Momente fördert?

Wenn Sie das wirklich wollen, entscheiden Sie sich jetzt im Freiraum der Übung dafür, in den nächsten drei Tagen das Ihre für einen Moment des Wohlbefindens zu tun. Diese Übung können Sie für ein, zwei Wochen jeden Tag mit unterschiedlichen Erfahrungen durchführen. So entdecken Sie immer mehr und immer unterschiedlichere Zugänge zur Freude.

Variante: Achten Sie darauf, welche der vier Ebenen des Glücks im Vordergrund stand: Sinnesfreuden? Ein offenes Herz? Freude über eine Begegnung? Mitgefühl? Sammlung und Hingabe? Einsicht?

Teil 2

Perlen der Weisheit von A–Z

In Klammern stehen jeweils die verwandten Begriffe.

Armut (Leiden, Not, Trauer) || **Aufrichtigkeit** (Wahrheit, Erkenntnis, Einsicht) || **Dankbarkeit** (Freude) || **Demut** || **Einsicht** (Erkenntnis) || **Erfüllung** (Befreiung, Erwachen) || **Erkenntnis** (Einsicht) || **Erwachen** || **Familie** (Gemeinschaft) || **Fragen** (Einsicht, Leerheit, Zweifel) || **Freundlichkeit** (Wohlwollen, Liebe) || **Frieden** || **Furchtlosigkeit** || **Gemeinschaft** (Familie) || **Gerechtigkeit** (Gleichheit) || **Gleichheit** (Gerechtigkeit) || **Gleichmut** (Gelassenheit) || **Glück** (Freude) || **Gott und Götter** || **Großzügigkeit** || **Hoffnung** (Vertrauen) || **Ichgefühl** (Gemeinschaft) || **Leiden** (Ichgefühl, Not, Trauer) || **Liebe** (Wohlwollen) || **Lügen** (Wahrheit) || **Macht** || **Meditation** || **Mitgefühl** || **Mut** || **Nichts** (Leerheit, Weisheit) || **Not** (Leiden) || **Ökologie** || **Reichtum** || **Sinn** || **Streiten** || **Toleranz** (Weisheit, Leerheit) || **Trauer** (Not, Leiden) || **Verbundenheit** (Gemeinschaft, Familie) || **Versöhnung** || **Vertrauen** || **Vorbilder** (Vertrauen) || **Wahrheit** (Erkenntnis) || **Weisheit** (Einsicht) || **Wohlwollen** (Freundlichkeit, Liebe) || **Zweifel** (Hinterfragen)

Armut

Ohne Verdienste bin ich sehr arm …
SHANTIDEVA, KAPITEL 2, VERS 7, 8. JH.

Arm ist, wer nicht teilen kann.
FREIE VARIANTE DES INDISCHEN SPRICHWORTS:
„REICH IST, WER TEILEN KANN."

Armut per se ist kein Ideal im Buddhismus. Nur ordinierte Mönche und Nonnen sollen mit wenig zufrieden sein, denn die Sorge um Status und Besitz, Lob und persönliche Zuwendung und angenehme Gefühle würde sie von einem Leben der Sammlung und der Meditation ablenken. Laien sollen das Beste aus ihren Lebensumständen machen.

Materieller Wohlstand ermöglicht uns, ihn mit anderen zu teilen und Bedürftige zu unterstützen. Aber auch wenn wir wenig haben, können wir glücklich sein. Für Shantideva stehen weder materieller Wohlstand noch die Idealisierung von Armut im Zentrum, sondern der Reichtum an heilsamen Einstellungen und Verhaltensweisen.

Wer den Weg des Buddha gehen will, soll sich zunächst vor allem um Großzügigkeit und ethisches Verhalten bemühen. Großzügigkeit können wir auf drei Weisen üben: Wir geben *materielle Dinge, Trost und Schutz* und schließlich *Dharma*, d. h. Hinweise zu einem heilsamen Leben, am besten durch unser eigenes Vorbild und nicht durch unerbetene Predigten.

Auch mit wenig Besitz können wir freundlich sein, Menschen trösten, ihnen zuhören und durch heitere Genügsamkeit zeigen, dass wir auch ohne die Fixierung auf materiellen Wohlstand zufrieden sind.

Wir brauchen ein Minimum an guten Lebensbedingungen, und was und wie viel das ist, hat auch mit unseren Verpflichtungen anderen gegenüber, mit unserer Gesundheit, der jeweiligen Kultur und dem sozialen Umfeld zu tun.

In meiner Studienzeit in den frühen 1970er Jahren waren wir geradezu stolz, wenn wir mit sehr wenig Geld auskamen. Auch heute sehnen sich viele Menschen nach einem materiell einfachen Leben mit weniger Besitz, denn das entlastet auch von vielen Pflichten und Sorgen. Wenn wir uns nicht in Neid und Missgunst suhlen, können wir auch mit wenig Geld und Besitz glücklich und zufrieden sein.

Aufrichtigkeit

Ich achte darauf, nicht zu sagen,
was unwahr und unnütz
und anderen nicht angenehm ist.
Auch wenn etwas wahr ist,
aber unnütz und
anderen nicht angenehm,
dann sage ich es nicht.
BUDDHA, MITTLERE SAMMLUNG 58

Alle Religionen und ethischen Systeme empfehlen, nicht zu lügen, sondern die Wahrheit zu sagen, aus Achtung vor der Wahrheit und um ein vertrauensvolles Zusammenleben zu fördern. Im chinesischen Kulturraum und in vielen nicht-westlichen Kulturen achtet man ganz selbstverständlich darauf, dass in schwierigen Gesprächen niemand „das Gesicht verliert". Im Buddhismus geht es nicht darum, aus Prinzip und ohne Ansehen der Person oder Situation *alles* zu sagen, was *wahr* ist, sondern nur das, was nützlich ist, hilfreich und den anderen angenehm.

Es geht bei Aufrichtigkeit nicht darum, sich authentisch auszudrücken, sondern vor allem zu *bemerken*, was uns bewegt und was es bewirkt. Wir achten also nicht nur auf unser *Tun*, sondern auch auf die Motive und Absichten, auf das Warum und Wozu unserer Rede und auf die möglichen *Folgen* für uns und andere. Ein Beispiel: Wollen wir mit unseren Worten nur unser lädiertes Selbstwertgefühl aufpolieren? Uns an anderen rächen und sie zurechtweisen und uns damit als besser darstellen?

Die buddhistische Empfehlung widerspricht dem aktuellen westlichen Zeitgeist, der auf Echtheit und Authentizität um jeden Preis pocht. Das schien eine Weile gerechtfertigt, als Reaktion auf klein- und großbürgerliche Scheinheiligkeit und sozialen, politischen und religiösen Konformitätsdruck.

Es geht bei Aufrichtigkeit aber nicht darum, das Herz auf der Zunge zu tragen und alles zu sagen, was uns stört und verletzt. Es geht darum zu überlegen, ob das auch der rechte Zeitpunkt und die rechten Worte sind, damit die andere Person unsere Aussage auch hören kann und sie allen Beteiligten Nutzen bringt. Nicht nur in nahen Beziehungen, auch im politischen und diplomatischen Kontext könnte das Beherzigen dieser Empfehlung viel Schaden vermeiden und großen Nutzen bringen.

Dankbarkeit

Ein Mensch mit schlechtem Charakter ist undankbar und zeigt sich deshalb nicht erkenntlich.
Ist jedoch ein Mensch dankbar und zeigt sich erkenntlich, so verfügt er über die Grundlage eines guten Charakters.
BUDDHA, ANGEREIHTE SAMMLUNG 2,33

Dankbarkeit kann man lernen. Die pragmatische Empfehlung des Buddha lautet: Beginne mit der Übung des Heilsamen, dann wird sich dein Charakter zum Guten entwickeln. Die Übung selbst ist im Prinzip einfach, aber wir neigen aus Gewohnheit dazu, eher die Erfahrungen zu erinnern, die wir schwierig finden. Was gelingt und gut läuft, halten wir schnell für selbstverständlich oder wir sind trotzdem unzufrieden, weil noch nicht alles perfekt ist.

Wie können wir Dankbarkeit üben? Wir denken immer wieder eine Woche lang abends vor dem Einschlafen an ein, zwei Erfahrungen, für die wir dankbar sind. Wir können auch, bevor wir ins Bett gehen, kurz durch die Wohnung gehen und uns über ein, zwei Dinge freuen, die wir schätzen.

Ein anderes Mal denken wir eine Woche lang abends an eine Person aus unserem Bekannten- oder Freundeskreis und freuen uns über das Gute, das sie tut, oder über die guten Erfahrungen, die wir zusammen gemacht haben. Manchmal können wir auch an eine Person denken, mit der wir uns ab und zu streiten, und überlegen, was wir durch diese Auseinandersetzung gelernt haben. Dankbarkeit entfaltet sich fast mühelos, wenn wir sie lernen wollen und anfangen, sie einzuüben.

Demut

Ein Wanderasket fragte den Buddha:
„Ist die Welt endlich? Gibt es eine Seele,
und ist sie identisch mit dem Körper?
Existiert ein Erleuchteter nach dem Tod?
Was ist richtig? Was ist falsch?“
Der Buddha antwortete:
„Ich sage nicht, dass das eine richtig ist
und das andere falsch ...
Diese Theorien über die Welt sind ein
Dschungel oder eine Fessel ...
Sie bringen keinen inneren Frieden ...
und führen nicht zum Erwachen.“
BUDDHA, MITTLERE SAMMLUNG 72

Viele Menschen sind neugierig. Sie wollen die Welt verstehen und einige wenige sogar sich selbst. Viele Menschen von heute „glauben“ fest daran, dass die Naturwissenschaften und die sogenannte künstliche Intelligenz uns helfen können, alle Geheimnisse des Lebens zu lüften.

Der altmodische Begriff Demut und ihre kleine Schwester Bescheidenheit verweisen darauf, dass unser Wissen und Können Grenzen hat. Redliche Wissenschaftlerinnen und viele Quantenphysiker betonen: Je mehr sie entdecken, desto mehr begreifen sie auch, wie wenig sie wissen.

Der Buddha überprüfte das Wissen seiner Zeit vor allem anhand der Frage, ob es den inneren Frieden und das Erwachen aus Gier, Hass und Verblendung in ihren 84 000 Varianten fördert.

Faktenwissen und Theorien über die Welt können nützlich sein, um Hunger und Armut zu verringern und ein bisschen Wohlstand zu schaffen. Und sie können den neugierigen Geist mit einleuchtenden Antworten beruhigen. Aber Worte, Modelle und Theorien können nie die Fülle und Komplexität des Lebens abbilden, und Demut und Bescheidenheit entlasten uns vom überzogenen Wissenmüssen.

Wir brauchen etwas Wissen zum Überleben, aber das gelebte Wissen, wie wir miteinander auskommen, uns und andere beruhigen und selbst erwachen können, ist sehr viel hilfreicher für uns alle.

Einsicht

Wer seine Verblendungen erkennt,
ist erwacht.
Wer über Erwachen verblendet ist,
ist ein gewöhnliches Wesen.
DOGEN, JAPANISCHES ZEN, 16. JH.

Im Buddhismus gilt Einsicht oder Erkenntnis als Tor zum Erwachen. Und zwar nicht die Einsicht in verborgene *objektive* Wahrheiten, sondern Einsicht in die vielen Varianten von Gier, Hass und Verblendung, in die *Kleshas*. Als Verblendungen im weiteren Sinn oder Kleshas gelten Meinungen, Vorstellungen und reaktive Emotionen, die den Frieden des Herzens stören und unheilsames Verhalten fördern, d. h. ein Verhalten, das uns und anderen schadet.

Da die meisten Menschen lieber an vertrauten Selbstbildern, Vorurteilen und unrealistischen Erwartungen an sich selbst und an andere festhalten, als Verblendungen zu erkennen, braucht es eine starke Motivation, gute Methoden und großen Einsatz, um zur Einsicht zu gelangen. Die Mahayana-Tradition beschreibt den Weg als komplexes Zusammenspiel von Sicht im Sinne von Einsicht, Meditation bzw. Übung und Verhalten. Sicht, Einsicht oder Erkenntnis spielen also eine sehr große Rolle.

Am Anfang des Weges zum Erwachen steht das uns wohl bekannte *begriffliche* Erkennen, d. h. wir kennen ein Modell oder eine Definition. Im Falle der Kleshas begreifen wir z. B., dass Gier und Hass den Frieden des Herzens zerstören. Die zweite Stufe der Erkenntnis nennen wir Aha-Erlebnis. Der Tiefenpsychologe Erich Neumann beschreibt es sehr anschaulich so: „Ein Schauer des Entzückens geht durch Leib und Seele, und blockierte Energie wird freigesetzt."[2] Für Sekunden begreifen wir mit Leib und Seele, dass zwanghaftes Haben-Wollen und Nichthaben-Wollen Unfrieden stiften, bei uns und anderen.

Mit der dritten Ebene von Einsicht können wir anders handeln, d. h. anstatt z. B. Gier und Geiz auszuagieren, können wir großzügig handeln. Das Christentum nennt dies Umkehr, griech. *metanoia*. Die vierte Stufe der Befreiung von Gier, Hass und Verblendung bedeutet nicht, dass wir ein konstruiertes Ideal von Perfektion erreicht haben, sondern dass wir aufhören, mit dem Leben, mit uns und anderen zu hadern. Wir erkennen Verblendungen ehrlich, machen kein Drama daraus und bemühen uns mit viel Geduld und Humor darum, Unheilsames zu vermeiden und Heilsames einzuüben.

Erfüllung

Mögen alle Wesen die große Freude
der Befreiung und des Erwachens erleben,
ohne jede Beimischung von Leid.
TIBETISCHES WUNSCHGEBET

Solang' wie die Erde,
den Raum und die Wesen,
mög' es mich geben,
mög' ich alle Wesen vom Leid befrei'n.
SHANTIDEVA, 3,20-21, 8. JH., LIEDFASSUNG

Als Erfüllung des Menschseins und als Stillen aller Sehnsucht gilt im Mahayana die *Befreiung* von Gier, Hass und Verblendung und das Erwachen heilsamer Fähigkeiten zum Wohle aller. Erfüllung bedeutet in diesem Kontext nicht nur das kleine private Glück und innere Ruhe, sondern mitfühlend und klug und so gut wie möglich zum Wohl von anderen beizutragen.

Alle Spielarten von Gier, Hass und Verblendung stören den Frieden des Herzens und verhindern die Erfahrung von Glück und Seligkeit. Aber weil wir in erster Linie soziale Wesen sind und uns in das Leid von anderen einfühlen können, leiden auch wir, wenn andere leiden.

Die Befriedigung unserer eigenen kurz- und langfristigen Bedürfnisse ist zwar notwendig und sinnvoll, reicht aber nicht für ein gutes und gelingendes Leben. Wir finden, so die These von Buddhismus, Christentum und modernem Humanismus, erst dann Erfüllung, Ruhe und Frieden, wenn auch die anderen einigermaßen gut leben.

Der Wunsch, zum Wohle aller zu leben, entsteht auf zweierlei Weise: durch *Einsicht* und durch *Vertrautheit*. Wenn wir die Verbundenheit von allem und allen und die Relativität all unserer Vorstellungen als je eigene und begrenzte Perspektive erkennen, verstehen wir, dass unser Glück und das Glück von anderen sich gegenseitig bedingen. Wenn man versucht, nach dieser Einsicht zu leben, stellen sich allerdings viele kleine und große Bedürfnisse und Interessen in den Weg.

Wenn wir die existentielle und essentielle *Verbundenheit* von allen und allem intellektuell begreifen und emotional bejahen, können wir uns durch die Wiederholung von Wunschgebeten immer vertrauter mit dieser Weltsicht machen. So sinkt diese Sicht immer tiefer in unser Herz, und dann können wir mehr und mehr aus ihr heraus leben und handeln.

Erkenntnis

Weil alles bedingt entsteht,
ist es leer von Zuschreibung.
Weil alles leer von Zuschreibung ist,
kann es bedingt entstehen.
NAGARJUNA, VERSE AUS DER MITTE, 2. JH.

Was ist Erkenntnis oder Einsicht? Eine beliebte Aussage der buddhistischen Mahayana-Tradition definiert sie als tiefe Einsicht in Bedingtes Entstehen und Leerheit. Alle Erfahrungen entstehen bedingt und sind letztlich leer von allem, was wir darüber denken, sagen und wissen können. In heutiger Sprache: Leben und Erfahrungen sind so komplex, dass niemand sie mit dem Verstand völlig begreifen kann.

„Alles entsteht bedingt" ist ein Hinweis auf das komplexe Zusammenspiel unendlich vieler Faktoren und Bedingungen, die einfache und vielschichtige Erfahrungen ermöglichen. „Leerheit" ist eine provozierende Metapher, die uns aus unserer trägen geistigen Bequemlichkeit herausholen will, mit der wir glauben, die Welt sei genauso, wie wir sie gerade erleben und bewerten.

Die buddhistische Tradition empfiehlt unterschiedliche Überlegungen und Übungen, damit wir mehr und mehr begreifen, wie sehr unbewusste und bewusste Vorstellungen, Annahmen und Erwartungen unsere Erfahrungen und unser Umgehen damit bestimmen. Sie werden in drei Gruppen zusammengefasst: Ethik, Sammlung, Einsicht, *sila, samadhi, prajna.*

Die Orientierung an *ethischen* Regeln schärft unsere Aufmerksamkeit für das, was wir denken, sagen und tun. Einfache Übungen des Innehaltens, der Ruhe und *Sammlung* beruhigen Körper, Rede und Geist. Und beides zusammen, Wachheit oder Bewusstheit und innere Ruhe, ermöglichen einen immer *klareren Blick* auf Vorstellungen und Motive, Muster und Verhalten.

Wenn wir mehr und mehr *wissen*, was wir tun, können wir mitfühlender und klüger *handeln*. Ziel, Sinn und Zweck der Erkenntnis im Buddhismus ist freundliches und rücksichtsvolles Verhalten allen und allem gegenüber. Wer das kann, hat die tiefe Erkenntnis entdeckt, die der Buddhismus Befreiung und Erwachen nennt.

Erwachen

Leben ist tragisch und erhaben.
Alles, was kommt, muss auch wieder geh'n.
Leben geschieht, niemand hat es im Griff.
Nur das Ende des Haderns bringt Frieden.
DIE VIER SIEGEL DES BUDDHA, LIEDFASSUNG

Alle Schulen des Buddhismus schauen realistisch auf die Welt und die Lebewesen und lehren drei Daseinsmerkmale: 1. Es gibt *Leiden*. 2. Alle Erfahrungen sind *unbeständig*. 3. Alle Erfahrungen sind letztlich *nicht zu kontrollieren*, weil sie uns nicht gehören.

Wer das nicht wahrhaben mag und annehmen kann, leidet im Kreislauf der sich ständig wiederholenden Probleme, auch *Samsara*, Daseinskreislauf, genannt. Wer lernt, es anzunehmen, erwacht aus falschen Vorstellungen und erlebt den Frieden des Nirwana, das Erlöschen von drei großen Abwehrmechanismen oder Leugnungsstrategien gegen Leiden, Unbeständigkeit und Unkontrollierbarkeit: Gier, Hass und Verblendung.

Wir halten fest, was wir mögen, lehnen ab, was wir nicht mögen und schwanken zwischen Fantasien einer heilen Welt ohne Probleme und Verzweiflung über Leiden und Unbeständigkeit.

Der Buddha verspricht keine heile Welt in einem Jenseits oder Anderswo, sondern das *Erwachen* aus Täuschungen, und damit auch aus *Ent*-täuschungen.

Das wird möglich, wenn wir lernen, zwischen *natürlichem* Leiden, das zum Leben gehört, und dem *zusätzlichen* Leiden, das wir durch Gier, Hass und Verblendung schaffen, zu unterscheiden. Das fällt leichter, wenn wir erkennen und annehmen, dass natürliches Leiden, Veränderung und Unkontrollierbarkeit zum Leben dazugehören.

Wir stecken in einer Falle, wenn wir glauben, wir könnten schon *leben*, was wir lediglich *intellektuell* begreifen. Leider stimmt das nicht. Gedanken und Gefühle sind Erfahrungen, und diese sind per se unbeständig. Daher sind sie weder das Problem noch die Lösung.

Nur das Vertrauen in die *Möglichkeit* des Erwachens aus Täuschungen schenkt Frieden. Und *Vertrauen* entsteht durch *Vertrautheit* mit Erfahrungen, die wir machen können, wenn wir Ja sagen zu dem, was geschieht, es annehmen und das Beste daraus machen.

Familie

Der Dalai Lama fragte Rabbinerinnen und Rabbiner: „Wie kann ein Volk im Exil überleben?" Eine Rabbinerin antwortet dem Dalai Lama sinngemäß: „Wenn Sie weiterhin Ordinierte, also Mönche und Nonnen, für wichtiger halten als Laien, wird das tibetische Volk das Exil nicht überleben. Sie brauchen eine Praxis für die Familie, wie sie das Judentum mit der Sabbatfeier zu Hause pflegt."

RODGER KAMENETZ[3]

Die Gemeinde oder Sangha des Buddha besteht traditionell aus vier Gruppen: aus Nonnen und Mönchen, den weiblichen und männlichen Ordinierten oder sogenannten Hauslosen, und aus weiblichen und männlichen Laien-Übenden, den sogenannten Haushältern. Fehlt eine dieser vier Gruppen, so ist die Sangha nach traditionellem Verständnis unvollständig. Der Buddha lehrte also nicht nur Mönche und Nonnen, sondern auch Menschen, die mit ihren Familien lebten. Allerdings stehen sie im traditionellen Buddhismus nicht im Zentrum der Aufmerksamkeit.

Der Buddha empfahl den Ordinierten, in der

Nähe von Dörfern zu leben und Kontakt zu den Laien zu pflegen. Den Laien riet der Buddha vor allem die Übung von Ethik und Großzügigkeit, d. h. sie sollten die Mönche und Nonnen durch Gaben von Nahrung, Medizin und Kleidung und allem Lebensnotwendigen unterstützen. Die Ordinierten sollten die Laien auf Wunsch spirituell begleiten und ihnen Unterweisung geben, vor allem an Neumond und Vollmond und an den beiden Halbmonden.

Das Leben als Mönch oder Nonne galt und gilt zum Teil bis heute als geeigneter und daher verdienstvoller auf dem Weg zum Erwachen als der Laienstand, aber der Buddha hielt auch motivierte Laien-Übende für fähig, Befreiung und Erwachen zu erlangen.

Das im Zitat erwähnte Gespräch fand 1987 auf einer Konferenz im indischen Dharamsala statt, zu der der Dalai Lama auf Vorschlag jüdischer buddhistischer Schülerinnen und Schüler Rabbis und Rabbinerinnen (!) aus dem Judentum eingeladen hatte. Der Dalai Lama bedankte sich für den Rat und sagte, er werde darüber gründlich nachdenken.

Fragen

Ich verneige mich vor den Buddhas,
die abhängiges Entstehen lehren –
kein Tod, keine Geburt,
kein Nichts, keine Ewigkeit,
kein Kommen, kein Gehen,
keine Gleichheit, keine Verschiedenheit –
und die Fixierungen lösen.
NAGARJUNA, MOTTO DER VERSE AUS DER MITTE, 2. JH.

Die folgenden vier Fragen hat der Buddha nicht beantwortet:

1. Wie wirkt Karma?
2. Wie fing das Universum an?
3. Welchen Einfluss hat ein Buddha auf die Welt?
4. Welchen Einfluss haben die Sammlungsstufen auf uns und die Welt? Warum?

Der Buddha wusste, dass dieses Wissen nicht zur Erlösung beiträgt und die Menschen nur verwirrt. Er sprach über das bedingte Entstehen von allem und allen und darüber, dass es keine Instanz in uns oder in der Welt gibt, die unsere Erfahrungen besitzt und daher völlig kontrollieren könnte. Er empfahl stattdessen: Tu Gutes, meide das Böse und kläre deinen Geist.

Der indische Meister Nagarjuna, den das Mahayana als zweiten Buddha verehrt, lehrte Bedingtes Entstehen und Leerheit als Schlüssel zu einem heilsamen Leben. Alle Erfahrungen entstehen und vergehen unablässig, und es gibt keine gesicherte begriffliche Erkenntnis über die komplexen karmischen Prozesse der Menschen.

Wir können aber immer versuchen, unser Bestes zu tun, niemanden bewusst und gezielt zu verletzen und allen Wesen gegenüber Freundlichkeit und Freude zu üben, wenn es gut läuft, und Mitgefühl und Gleichmut, wenn es schwierig wird. Das können wir üben, und wir sollten unsere wertvolle Lebenszeit nicht mit nutzlosen Spekulationen über unlösbare Fragen verschwenden.

Wir sollen existentielle Fragen aber auch nicht ausblenden, denn sie können uns an den Rand des Denkens führen. Dann entdecken wir die Bescheidenheit und Offenheit des Nichtwissens, die schlichte Tatsache, dass alle Dinge leer sind von dem, was wir über sie denken. Wir lassen uns inspirieren von hilfreichen Gedanken, die heilsames Handeln fördern, im Wissen, dass das Leben und die Welt zu komplex sind, um sie begrifflich zu verstehen.

Ethik ist wichtiger als Religion, sagt der Dalai Lama, und allemal wichtiger als Spekulationen über unfassbare Dinge.

Freundlichkeit

Es gibt bemerkenswerte Verhaltensweisen,
die zum Ende des Streites
und zur Einigkeit beitragen …
Achtet darauf, dass eure Handlungen,
eure Worte und eure Gedanken
aus dem Geist der Liebe kommen …
BUDDHA, MITTLERE SAMMLUNG 48

Hass wird nicht überwunden durch Hass,
Hass wird überwunden durch Liebe.
BUDDHA, DHAMMAPADA

Alle wollen glücklich sein, und niemand will leiden. Wir sind aber verschieden, und daher unterscheiden sich auch unsere Vorstellungen von Glück und Leid und dem Weg dahin. Wo Menschen sich begegnen, gibt es Freude *und* Konflikte.

Was tun? Solange wir nur das eigene Überleben und Wohlbefinden im Sinn haben, sehen wir die anderen als Gegner oder Konkurrenten. Wenn wir gewinnen, freuen wir uns, wenn wir verlieren, wollen wir uns rächen, und so dreht sich das Rad der Konflikte immer weiter. Romane, Filme und Lieder erzählen endlose Geschichten über Streit zwischen Menschen und Kriegen zwischen Menschengruppen und über die vielen Rechtfertigungen dafür. Wie können wir Streit verringern oder beenden?

Der Buddha rät zu *Freundlichkeit*, Pali *metta*, Sanskrit *maitri*, oft mit Liebe übersetzt. Damit ist nicht primär die persönliche Liebe und Zuneigung zwischen Menschen gemeint, die sich gut kennen, sondern eine freundliche Haltung, die das Wohl aller Beteiligten im Blick hat.

Diese Haltung wird genährt durch drei weitere Einstellungen im Hintergrund: *Freude* über das Gute und Heilsame in uns und anderen und *Mitgefühl* mit ihrem Leiden und *Gleichmut*. Sie entfalten sich, wenn wir immer tiefer begreifen, dass Schwierigkeiten zum Leben dazugehören, weil Erfahrungen unbeständig und sehr komplex sind und wir Menschen keine Engel.

Diese vier Haltungen – Freundlichkeit und Freude, wenn es gut läuft, und Mitgefühl und Gleichmut, wenn es schwierig ist – verringern von alleine Ärger, Hass und Wut, die schnell aufwallen, wenn wir enttäuscht sind. Hass loszulassen, fällt uns leichter, wenn wir verstehen, dass hinter jeder Enttäuschung eine Täuschung steht, eine überzogene Erwartung an uns selbst und andere.

Frieden

Hass wird nicht überwunden durch Hass,
Hass wird überwunden durch Liebe.
BUDDHA, DHAMMAPADA

Wenn wir Frieden in uns und in der Welt suchen und fordern, müssen wir verstehen, was seine Ursachen sind, wie wir ihn schaffen können und was ihn verhindert. Leider gilt: Nur wer leidet, sucht einen Weg, und das Vertrauen, dass es einen Weg *gibt*, ist der zentrale Faktor, ihn zu suchen, zu finden und zu gehen.

Auf dem buddhistischen Weg üben wir Ethik, Sammlung und Einsicht. Wenn wir uns aus einer Haltung der Liebe oder Freundlichkeit, mit Freude, Mitgefühl und Gleichmut ethisch verhalten, tut das allen Beteiligten gut und es beruhigt Körper, Emotionen und Gedanken.

Regelmäßige Sammlung beruhigt uns so tief, dass wir genauer hinschauen und die Ursachen des Leidens erkennen können. Wir erkennen, wie mangelndes Vertrauen in die Liebe, Kraft und Weisheit in uns und allen zum Glauben an übertriebene Getrenntheit führt. Diese dualistische Sicht weckt Angst und Kleshas, d. h. unrealistische Vorstellungen und überzogene Erwartungen und dann reaktive Emotionen.

Diese Kleshas zerstören scheinbar den Frieden des Herzens, der immer da ist, auch wenn wir gerade unruhig und ängstlich sind und nicht auf die Liebe, Kraft und Weisheit in uns und allen vertrauen.

Durch die regelmäßige Übung von Ethik, Sammlung und Weisheit entdecken wir den natürlichen Herzensfrieden – das spontane Aufscheinen der Vier unermesslichen Haltungen der Freundlichkeit und Freude, des Mitgefühls und des Gleichmuts – immer und immer wieder. Durch zunehmende Vertrautheit mit innerem Frieden wächst unerschütterliches Vertrauen, das uns trägt, was auch geschieht.

Ohne Frieden des Herzens gibt es keinen Frieden im Außen, denn solange Menschen im Griff von Angst und falschen Vorstellungen, von reaktiven Emotionen und eingefahrenen Gewohnheiten stecken, schaden sie sich und anderen, auch wenn sie es nicht wollen.

Erst mit einem gewissen Maß an Vertrauen in die Liebe, Kraft und Weisheit in uns und allen können wir mit anderen zusammen auch im Außen die sozialen und politischen Bedingungen schaffen, die den Frieden fördern und so gut wie möglich stabilisieren.

Furchtlosigkeit

Der Wesen sind unendlich viele.
Ich gelobe, sie alle zu retten.
Die Leidenschaften sind unerschöpflich.
Ich gelobe, sie alle zu überwinden.
Der Tore der Wahrheit sind unzählbar viele.
Ich gelobe, sie alle zu durchschreiten.
Der Weg des Buddha ist unendlich.
Ich gelobe, ihn bis zum Ende zu gehen.
DIE VIER GROSSEN GELÜBDE, JAPANISCHES ZEN

Bodhisattvas sind Wesen, *sattva*, die Erwachen, *bodhi*, zum Wohle aller Wesen anstreben. Sie legen ein paradoxes Gelübde ab, das sie zwar inspiriert, aber das sie nie ganz erfüllen können. Es motiviert sie, ihr Bestes zu geben, gleichgültig, auf welche Hindernisse sie treffen. Sie sind furchtlos, weil sie auf die tiefe Weisheit in sich und allen vertrauen. Aus diesem Grund können sie sich sogar konkrete Furcht und diffuse Ängste leisten.

1. Sie wollen alle Wesen von Leiden befreien. Dabei werden sie von den weiteren drei Gelübden beschützt und geleitet.
2. Sie sind bereit, sich ihren Leidenschaften und Verblendungen zu stellen und sie zu überwinden.

3. Aus diesem Grund wollen sie alle für sie geeigneten Lehren und Übungen anwenden.
4. Und sie wissen aus tiefstem Herzen, dass sie nie vollkommen sein werden, denn der Weg ist nach oben hin offen.

Mit dieser realistischen und weisen Haltung gehen sie furchtlos und zuversichtlich im Rahmen ihrer Fähigkeiten und Möglichkeiten den Weg des Buddha, was auch geschieht. Und wenn sie scheitern, wissen sie, dass sie geübt haben.

Sie bleiben dran, denn ihre Furchtlosigkeit beruht auf tiefem Vertrauen in die Drei Juwelen: in Buddha, in seine Lehren und in die vertikale Sangha, die Gemeinschaft ihrer Vorbilder, Lehrerinnen und Begleiter aus Vergangenheit, Gegenwart und Zukunft. Quelle und Grund ihrer Furchtlosigkeit ist also die Zuflucht zu diesen Drei Juwelen.

Gemeinschaft

Erhabener, die Sangha
ist das halbe spirituelle Leben.
Nein, Ananda, die Sangha
ist das ganze spirituelle Leben.
BUDDHA, GRUPPIERTE SAMMLUNG 3,18

Buddhistinnen und Buddhisten nehmen Zuflucht zu Buddha, Dharma und Sangha: zum Buddha, der Verkörperung der menschlichen Möglichkeiten, zum Dharma, den Lehren und Übungen auf dem Weg, und zur Sangha, den Menschen, die uns lehren, leiten und begleiten.

Als Sangha der Zuflucht gilt vor allem die *vertikale* Sangha, d. h. die Menschen, die uns als Vorbilder und Lehrende begleiten und inspirieren, das Dharma lehren und uns beraten. Sie ernüchtern uns, wenn wir übermütig werden, und ermutigen uns, weiter zu üben und den je eigenen Weg zu finden und zu gehen. Mit der *horizontalen* Sangha üben wir zusammen und tauschen uns aus, wir nehmen aber nicht Zuflucht zu diesen Menschen, denn sonst ist Enttäuschung programmiert.

Als der enge Schüler und Cousin des Buddha, Ananda, die Sangha der Lehrenden und Übenden als das *halbe* spirituelle Leben pries, widersprach ihm der Buddha und betonte, sie sei das *ganze* spirituelle Leben. Denn der Buddha ist sterblich, und das Dharma kann man missverstehen.

Orientierung und Stütze auf dem Weg sind und bleiben die *vertikale* und *horizontale* Sangha, d. h. die Lehrenden und die mit uns Übenden. Das ist nicht einfach, denn Menschen sind verschieden und brauchen Unterschiedliches.

In einer lebendigen Gemeinschaft, wie sie auch die christliche Gemeinde sein will, lernen wir in Übung und Austausch, dass es viele Perspektiven auf die großen Fragen von Leben und Tod gibt und dass wir nur gemeinsam verstehen können, worum es auf dem Weg geht.

Einsicht in die Verbundenheit mit anderen und in die Relativität all unserer Vorstellungen und Meinungen sind die beiden Schlüssel zum Erwachen. Wir sind und bleiben soziale Wesen und brauchen andere Menschen wie die Luft zum Atmen. Die Zusammenarbeit mit anderen ist zwar selten einfach, aber sie ist möglich und aus Sicht des Buddha essentiell notwendig auf dem Weg zum Erwachen.

Gerechtigkeit

Alle Wesen wollen glücklich sein
und nicht leiden.
Darin sind sie alle gleich.
XIV. Dalai Lama

Mögen die Wesen nur Glück erleben,
frei sein von Leid, voller Freud',
in Gleichmut ruh'n.
Die Vier Unermesslichen Haltungen, Liedfassung

Der Buddha spricht nicht über soziale Gerechtigkeit, sondern über den *allen* Menschen gemeinsamen Wunsch nach Glück und nach Vermeiden von Leiden. Allerdings unterscheiden wir uns in dem, was für uns Glück und Leid ist. Weil Menschen einerseits abstrakt gleich und andererseits konkret immer verschieden sind, brauchen wir viel Klarheit, Geduld und Flexibilität, um gut mit uns und anderen umzugehen. Dabei können und sollen uns die Vier Unermesslichen Haltungen helfen: Liebe bzw. Freundlichkeit und Freude, Mitgefühl und Gleichmut.

Gleichmut und heitere Gelassenheit entstehen durch die Erfahrung von Freude und Wertschätzung sowie durch Einsicht in die Drei Daseinsmerkmale, die drei Grunderfahrungen aller Menschen: Es gibt natürliches *Leiden*, alles *verändert* sich und wir bekommen das Leben *nie völlig in den Griff.* Erkennen und akzeptieren wir das, können wir kurz- und langfristig zum Wohl aller wirken. Die regelmäßige Übung der vier Haltungen, mit Geduld und viel Humor, sorgt für ein offenes Herz und einen klaren Geist, und das brauchen wir für gerechtes und angemessenes Handeln. D. h. wir handeln soweit wie möglich freundlich, dankbar und mit Freude, wenn es gut läuft, und mitfühlend und gelassen, wenn es schlecht läuft.

Was bedeutet also Gerechtigkeit? Wir handeln gerecht, wenn wir die Spannung zwischen der abstrakten Gleichheit aller und unserer konkreten Verschiedenheit aushalten, die Bedürfnisse und Möglichkeiten der anderen und von uns selbst realistisch einschätzen und achten. Wenn wir diese Spannung nicht aushalten, werden wir auf Gleichheit pochen, wenn wir etwas bekommen wollen, und unsere Besonderheit betonen, wenn wir etwas abgeben sollen.

Üben wir die vier Haltungen, dann können wir in Familie und Beruf, in Gesellschaft und Politik viel Gutes bewirken, allerdings müssen wir mit den abstrakt gleichen und konkret verschiedenen anderen Menschen aushandeln, was jeweils die Not wendet und möglichst vielen guttun.

Gleichheit

Der König soll für alle Untertanen gleich gut sorgen. Alle Menschen sind gleichwertig. Es spielt keine Rolle, ob sie vom Land oder aus der Stadt sind, welcher gesellschaftlichen Kaste sie angehören oder welche Arbeit sie ausführen. Alle Lebewesen haben das Recht, in Freiheit zu leben. Das bezieht sich auch auf Tiere, die ja auch Lebewesen sind. Sie dürfen nicht eingesperrt oder misshandelt werden. Der König muss dafür sorgen, dass alle Menschen Nahrung, Kleidung, Wohnung und ärztliche Versorgung erhalten.
BUDDHA, NEUN RATSCHLÄGE AN EINEN KÖNIG, NR. 4, 6, 8

Gleichheit als politische oder soziale Vorstellung ist kein traditionelles buddhistisches Konzept, vermutlich weil die sozialen Beziehungen in Indien durch das Kastensystem und in China durch das System des Konfuzius geregelt waren. Allerdings orientierten sich Rangfolge und Sitzordnung der Mönche und später der Nonnen von Anfang an nicht am Kastensystem, sondern am Tag des Eintritts in den Orden. Das und die Gründung eines Nonnenordens trugen dem Buddha viel Kritik seiner standes- und kastenbewussten Umwelt ein. Er lehrte nicht nur

Mönche und Nonnen, sondern auch viele Laien, z. B. Fischer und Wirtinnen, Kaufleute, lokale Herrscher und Könige.

Buddhas neun Ratschläge an einen König betonen eine umfassende Verantwortung des Herrschers für seine Untertanen. Im achten Rat heißt es, der König „muss" dafür sorgen, dass alle Menschen Zugang zu Nahrung, Kleidung, Wohnung und ärztlicher Versorgung erhalten. Das ist zweieinhalbtausend Jahre später weder Anspruch noch Norm noch Wirklichkeit in einem so wohlhabenden Land wie den USA oder anderen westlichen Demokratien, geschweige denn in weniger wohlhabenden Staaten.

Der Buddha lehrte primär Ethik, Sammlung und Einsicht für Einzelne und kleine Gruppen und empfahl seinen Schülerinnen und Schülern, sich nach Möglichkeit für ein gutes Zusammenleben und eine gerechte Gesellschaft einzusetzen.

Im Mahayana verkörpern die Bodhisattvas das Ideal einer sozial aktiven und mitfühlenden Lebenspraxis. Bodhisattvas wollen nicht primär zu ihrem eigenen Wohl leben, den Weg des Buddha gehen und schließlich erwachen, sondern zum Wohle aller. Das inspiriert auch heute noch und immer wieder viele Menschen sowohl in Asien als auch im Westen.

Gleichmut

Mögen alle Wesen in Gleichmut ruh'n.
EINE DER VIER UNERMESSLICHEN HALTUNGEN

Viele Menschen sehnen sich nach Gleichmut und heiterer Gelassenheit. Wenn wir regelmäßig innehalten und unsere Erfahrungen besonnen und genau beobachten, begreifen wir, dass natürliches *Leiden* zum Leben gehört, alle Erfahrungen *unbeständig* sind und wir das Leben *nie völlig in den Griff* bekommen. Das nennt der Buddha die Drei Daseinsmerkmale. Diese Einsicht verhindert Gleichgültigkeit, denn die baut Mauern. Sie ist der „ferne Feind" des Gleichmuts und der Gelassenheit, und nur sie schützen uns vor Leiden und Überforderung.

Nur aus einer friedlichen und gelassenen Haltung heraus können wir klug und mitfühlend handeln. Aber nichts fällt uns schwerer, als besonnen innezuhalten, denn das Motto unserer Zeit ist die Instant-Befriedigung: Wir wollen alles, und zwar sofort. Der Wunsch nach sofortiger Befriedigung unserer Bedürfnisse und der schnellen Lösung aller Probleme erzeugt Rastlosigkeit und Unruhe und das Gefühl des Versagens, wenn uns dies nicht gelingt.

Die meisten Menschen leben nicht mehr in

einer überschaubaren Gruppe mit einfachen Sitten, sondern in einer komplexen Welt, die uns scheinbar unendliche Möglichkeiten bietet. Das erzeugt Druck, immer noch mehr aus unserem Leben machen zu müssen.

Viele Menschen auf der Welt leiden unter dem Mangel an Dingen und Chancen, und nur ein kleiner Teil der Weltbevölkerung, vor allem in den westlichen Ländern, leidet unter dem Überfluss an Dingen und Möglichkeiten. Wenn wir nicht weiterhin auf Kosten der vielen leben und unsere schöne Welt zerstören wollen, müssen zumindest einige Menschen regelmäßig innehalten und prüfen, was ihnen am Herzen liegt.

Mit etwas mehr Ruhe erkennen wir, dass wir viel weniger zu einem guten Leben brauchen, als wir denken. Je weniger wir brauchen, desto weniger müssen wir arbeiten und desto mehr Zeit haben wir für die wesentlichen Dinge des Lebens. Je mehr wir das tun, was uns wichtig ist, desto weniger verlieren wir uns im Möglichkeitswirbel der vielen Zerstreuungen.

Noch einmal: Wer klug und besonnen handeln will, sollte regelmäßig innehalten und die eigenen Erfahrungen und Ansichten in aller Ruhe überprüfen. Solange uns selbst das noch nicht möglich ist, können wir uns und anderen diese Haltung wünschen: Mögen alle Wesen in Gleichmut ruh'n.

Glück

Mögen die Wesen nur Glück erleben,
frei sein von Leid, voller Freud',
in Gleichmut ruh'n.
DIE VIER UNERMESSLICHEN HALTUNGEN, LIEDFASSUNG

Alle Wesen sind darin gleich: Sie wollen glücklich sein und nicht leiden. Allerdings unterscheiden wir uns in dem, was wir für Glück und Leid halten. Der Buddhismus betont die große Bedeutung der Motivation oder Absicht für die Folgen des Handelns und unterscheidet nach meiner Interpretation zwei Motive und zwei Absichten.

Die ersten beiden Motive, das Streben nach der Befriedigung kurz- und langfristiger Bedürfnisse, sind verständlich und dienen dem Überleben. Sie sind aber nicht hinreichend, da sie auf Mangelerfahrungen in der Vergangenheit beruhen. Und keine Befriedigung hält lange an, weil sich Bedürfnisse und Umstände verändern und angenehme Erfahrungen verhindert werden können.

Solange wir ethisch handeln, andere nicht verletzen und Wertschätzung für Menschen und Dankbarkeit für Umstände entwickeln, die zum Glück aller beitragen, sind wir auf einem guten Weg. Wir müssen aber auch mit unangenehmen Erfahrungen und Leiden rechnen, da alles unbeständig ist und wir das Leben nie völlig in den Griff bekommen.

Mit der dritten Einstellung orientieren wir uns an einer Möglichkeit in der Zukunft: Wir wollen Gier, Hass und Verblendung erkennen und sie verringern. Damit sind wir auf einem guten Weg zu immer mehr Glück und Zufriedenheit. Allerdings müssen wir auch hier mit Problemen und Leiden rechnen, da das Leben komplex bleibt und es unendlich viele Verblendungen gibt, die wir nie alle beseitigen können.

Als höchste Absicht und als Königsweg zu allumfassendem Glück gilt im Buddhismus der *Bodhisattva-Weg*, der Wunsch, zum Wohle aller zu leben. Wir sind und bleiben soziale Wesen und können uns in das Leiden von anderen einfühlen. Aus diesem Grund können wir nur dann wirklich glücklich werden, wenn wir uns zumindest darum bemühen, das Leid von anderen zu vermindern und ihr Glück zu mehren. Mit dieser Haltung können wir in Verbundenheit mit allen Wesen unser Bestes tun, ohne uns durch überzogene Ansprüche auf die Rettung der ganzen Welt unter Druck zu setzen. Dann sind wir selbst dann ein bisschen glücklich, wenn andere es nicht sind.

Gott und Götter

Es gibt ein Nichtgeborenes, Nichtgewordenes,
Nichtgeschaffenes, Nichtbedingtes.
Wenn es dies hier nicht gäbe,
dann wäre ein Entrinnen
aus dem Geborenen, Gewordenen,
Geschaffenen, Bedingten
nicht zu erkennen.
BUDDHA, UDANA, 8,3; ITIVUTTAKA, 43

Der Buddhismus kennt zwar keinen Schöpfergott, aber durchaus eine Art Schöpfungsprinzip sowie Götter und Gottheiten. Alle Schulen des Buddhismus sprechen vom bedingten und komplexen Entstehen des Universums und aller Wesen, Dinge und Erfahrungen.

Der frühe Buddhismus betont eher das Karma- bzw. moralische Kausalitätsprinzip, was dazu führt, dass auch manche heutigen Interpreten glauben, jede Erfahrung monokausal und rational erklären zu können. Das Mahayana lehrt, dass alle Phänomene aus dem Dharmakaya, der unfassbaren schöpferischen Dimension, entstehen. Das entspricht dem unfassbaren und schöpferischen Aspekt Gottes.

Die indischen und buddhistischen Götter gelten nicht als erwacht, sondern dienen als

Warnung für spirituell Übende, nicht an Erfolg und schönen Erfahrungen anzuhaften. Sinnesgötter und Meditationsgötter hängen an groben und subtilen geistigen Erfahrungen oder an der Erfahrung des Formlosen. Die neidischen Götter leiden daran, dass sie nicht die Nummer eins im Götterhimmel sind. Ein tibetischer Lama sagte einmal scherzhaft, die westlichen Länder kämen ihm vor wie eine Mischung aus Hungergeistern und neidischen Göttern. Wie tragisch und wie wahr.

Buddhistische Gottheiten – wie die Grüne Tara, Avalokiteshvara, Manjushri u. a. – gelten als Verkörperung unterschiedlicher Aspekte des Erwachens, wie kluges Handeln, Mitgefühl, Weisheit usw. Sie sind Ausdruck des Mitgefühls der Erwachten, weil Menschen verschieden sind und Unterschiedliches schätzen.

Götter und Gottheiten sind für das Mahayana ein Spiegel menschlicher Sehnsüchte, und es beharrt darauf, dass die letzte Wirklichkeit unfassbar ist. Diese Sicht fördert das Nachdenken und das Hinterfragen aller Antworten und führt zu Staunen über und Dankbarkeit für das Leben wie es ist, mit all seinen Dramen und seiner Schönheit.

Großzügigkeit

Reich ist, wer teilen kann.
Indische Weisheit

Es gibt Menschen, die sehen Geben
als Übung, um ihren Geist zu reinigen
und zu erheben. Sie nehmen das Geben
als einen Anlass, das Loslassen
zu üben und zu verwirklichen.
Dieses Geben kann zu einer Geburt unter
den besten Umständen führen, und dazu,
dass man nicht mehr in die Welt des Leidens
zurückkehren muss.
Buddha, Angereihte Sammlung 7,49

Manchen Menschen fällt Großzügigkeit leicht, andere wollen und müssen es üben. Sie geben Unterschiedliches aus unterschiedlichen Motiven und Absichten, z. B. materielle Dinge oder Schutz und Trost.

Manche leiten andere mit Lehren und Übungen an zu einem ethischen Verhalten, zu Sammlung und Einsicht. Warum und wozu tun sie das? Manche tun es aus Freude am heilsamen Tun, aus dem Bedürfnis heraus, ihre inneren und äußeren Schätze zu teilen, andere zu fördern und zu unterstützen. Aber manche geben Dinge, Trost oder Lehren, weil sie Anerkennung suchen, weil „man“ das eben tun sollte oder weil sie bestimmte Menschen mögen.

Die meisten Menschen erkennen erst durch die langjährige und regelmäßige Praxis des Gebens, warum und wozu sie das tun. Sie bemerken vielleicht, dass sie durch regelmäßiges Geben von Dingen, Trost oder Lehren weniger an Dingen und an den Folgen und Früchten ihres Handelns anhaften.

Sie schätzen das, was sie haben und können, mehr und entdecken so ihren inneren Reichtum und die Fülle ihres Lebens – auch dann, wenn sie nach dem allgemeinen Urteil nicht wohlhabend oder reich sind.

Hoffnung

Leben ist tragisch und erhaben.
Alles, was kommt, muss auch wieder geh'n.
Leben geschieht, niemand hat es im Griff.
Nur das Ende des Haderns bringt Frieden.
DIE VIER SIEGEL DES BUDDHA, LIEDFASSUNG

Wenn wir im Laufe des Lebens immer mehr ahnen, dass bestimmte Arten von Leiden zum Leben dazugehören, dass keine Erfahrung von Dauer ist und wir das Leben auch nicht mit den wunderbarsten technischen Mitteln völlig in den Griff bekommen, können wir leicht verzweifeln. Je mehr wir das Leben und unsere Umstände kontrollieren wollen, desto häufiger bemerken wir, dass das nicht geht, weil Leben so komplex ist, dass niemand es völlig begreifen und steuern kann.

Manche Menschen schließen daraus messerscharf, dass das Leben keinen Sinn hat, denn sonst würden sie ihn ja erkennen. Und wenn das Leben keinen Sinn hat, kann es sich ja nicht lohnen. Sie nehmen intellektuell und emotional die *Nichterfüllung* ihrer Sehnsucht nach Frieden und Glück, nach sozialem, politischem und vielleicht auch spirituellem Fortschritt vorweg – und verzweifeln.

Andere wollen Leiden, Unbeständigkeit und Unkontrollierbarkeit nicht als Aspekte des Lebens anerkennen und warten oder hoffen auf ein besseres Leben in einer utopischen Zukunft oder einem fassbaren Jenseits. Sie nehmen intellektuell und emotional die *Erfüllung* all ihrer Sehnsüchte vorweg, verfallen damit einer naiven Hybris und Überheblichkeit und behaupten, dass mit den richtigen wissenschaftlichen oder religiösen Methoden alles irgendwie schon gut werden wird.

Menschen mit Zuversicht und Bodenhaftung nehmen die drei Daseinsmerkmale Leiden, Vergänglichkeit und Unkontrollierbarkeit an und hören auf, mit ihnen zu hadern. Sie akzeptieren, dass sie nicht wissen, was kommen wird, und vertrauen darauf, dass es auch gut gehen kann. Der katholische Philosoph Josef Pieper nennt es *Hoffnung*. Buddhistinnen und Buddhisten nennen es *unerschütterliches Vertrauen* in die Möglichkeit des Erwachens aller.

Und genau diese Hoffnung ist ein zentraler Faktor dafür, dass wir einen heilsamen Einfluss auf unser Leben und das von anderen ausüben können. Der englische Dichter Oscar Wilde formuliert es, in Übereinstimmung mit der christlichen und buddhistischen Zuversicht, so: „Ende gut, alles gut. Und wenn es nicht gut ist, dann ist es noch nicht zu Ende."

Ichgefühl

Tu Gutes, meide das Böse
und kläre deinen Geist.
Die Lehren der Sieben Erwachten, japanisches Zen

„Das Ich ist eine bloße Benennung auf der Basis der fünf Skandhas", heißt es im buddhistischen Mahayana. Gleichzeitig lehrt es die Übung der ethischen Lebensregeln. Wer übt, wenn es kein festes Ich gibt?

Wir entdecken, dass das Ichgefühl kein fassbares stabiles Etwas ist, wenn wir die ständige Bewegung der fünf Persönlichkeitskomponenten, *skandhas*, ab und zu bemerken: körperliche Empfindungen; Grundgefühle oder die Unterscheidung von angenehmen, unangenehmen und neutralen Erfahrungen; die Fähigkeit zu benennen; vertraute Muster und Bewusstsein.

Wir entdecken diesen ständigen Wandel des Ichgefühls leichter, wenn wir bemerken, was wir denken, sagen und tun. Das ist das Herz der Individualität, der Fähigkeit, die Verantwortung für das eigene Verhalten mit Körper, Rede und Geist und dessen Folgen zu übernehmen. Das nennen Christentum und manche Psychologinnen auch Person.

Wenn wir auf die heilsamen und unheilsamen

Folgen unseres Handelns achten, *bemerken* wir, welches Verhalten uns und anderen *schadet* und was uns und andere *fördert*. Das ist recht einfach, denn es tut entweder weh oder gut.

Für die Übung im Alltag wird eine andere Reihenfolge empfohlen: Zunächst achten wir auf *unheilsames* Handeln. Dadurch und mit Hilfe von Meditation *klären* wir unseren Geist, und dann gelingt es uns ab und zu auch, anderen *Gutes* zu tun.

Gutes tun gilt als hohe Kunst und als Krönung der Übung. Warum? Zu oft gehen wir naiv davon aus, dass die anderen so sind wie wir. Aber Menschen sind verschieden und mögen Unterschiedliches. Wir sollten uns in erster Linie und vor allem darum bemühen, anderen *nicht zu schaden* und so unsere Motive und Absichten *bemerken*. Sind wir wacher und bewusster, können wir mit der Zeit auch *Gutes* tun.

Diese drei Übungsfelder unterstützen uns dabei, Verantwortung für unser Verhalten zu übernehmen. Das ist nicht einfach, denn wir müssen das auch wollen und es mit Hilfe der ethischen Lebensregeln ganz konkret einüben oder lernen.

Wer nicht weiß, was er tut, ist kein Individuum, sondern bestenfalls gut erzogen und höflich und schlimmstenfalls getrieben von Gier, Hass und Verblendung in ihren 84 000 Varianten.

Leiden

Dies nun, ihr Mönche, ist die edle Wahrheit vom Leiden: Geburt ist Leiden, Alter ist Leiden, Krankheit ist Leiden, Sterben ist Leiden, Kummer, Jammer, Schmerz, Trübsinn und Verzweiflung sind Leiden; vereint zu sein mit Unlieben ist Leiden, getrennt zu sein von Lieben ist Leiden; was man verlangt, nicht zu erlangen, ist Leiden. Kurz gesagt: die fünf Faktoren des Ergreifens sind Leiden.

BUDDHA, GRUPPIERTE SAMMLUNG 56,11

Die von Buddha beschriebenen acht Arten des *natürlichen Leidens* gehören zum Leben. Genauso gehören auch Glück und Freude zum Leben, aber das halten wir für selbstverständlich. Wenn wir das natürliche Leiden nicht akzeptieren, sondern an unbeständigen angenehmen Erfahrungen festhalten, unangenehme abwehren und neutrale langweilig finden, leiden wir zusätzlich.

Das natürliche Leiden, das zum Leben gehört, macht nach meiner eigenen, wenn auch wissenschaftlich nicht haltbaren Statistik, etwa fünf Prozent unseres Leidens aus. Die restlichen 95 Prozent entstehen, wenn wir das natürliche

Leiden ablehnen und anderen oder uns selbst die Schuld daran zuschieben.

Die fünf Faktoren des Ergreifens, *skandhas*, sind fünf Dimensionen der Erfahrung: Körperliches, Grundgefühle, Benennen oder Kategorisieren, reaktive Emotionen und Bewusstsein. Wenn wir uns nicht mehr mit ihnen identifizieren, gibt es zwar noch Leiden, aber „niemanden, der oder die leidet".

Wir können alles tun, was ethisch und sozial vertretbar ist und niemandem schadet, um das natürliche Leiden zu lindern. Dazu leisten Medizin und freundliche Mitmenschen, Hygiene und Sozialstaat sowie Recht und Ordnung einen großen Beitrag. Aber auch die Freude über gute Erfahrungen, Zuversicht und Vertrauen in andere, in uns selbst und ins Leben trösten und stärken uns, und auch dadurch verringert sich das natürliche Leiden.

Der zeitgenössische japanische Lehrer Shohaku Okumura formuliert es schlicht so: Wenn wir Leiden, Unbeständigkeit und Unkontrollierbarkeit annehmen können, leben wir im Frieden des Nirwana, und wenn wir sie ablehnen, leugnen oder auf ihre völlige Beseitigung hoffen, leiden wir in Samsara, im Kreislauf der sich ständig wiederholenden Probleme.[4]

Liebe

Mögen alle Wesen glücklich sein und die Ursachen von Glück kennen und schaffen. Mögen alle Wesen die große Freude der Befreiung von Gier, Hass und Verblendung erleben und das Erwachen aller wunderbaren Fähigkeiten.

Beliebte Tibetische Variante der ersten und dritten der Vier Unermesslichen Haltungen

„All you need is love", sangen die Beatles, denn alle wollen nur das eine: lieben und geliebt werden. Warum gelingt uns das so selten? Weil wir Anhaftung mit Liebe verwechseln. Das führt zu Enttäuschungen und dann werden wir wütend, auf uns und andere.

Anhaftung und Hass sind die Wurzel des Leidens, und Liebe bzw. Freundlichkeit sind die Quelle allen Glücks. Anhaftung gilt als der nahe Feind der Liebe, denn wir verwechseln die beiden Haltungen leicht. Der ferne Feind ist Hass. Ihn bemerken wir leichter, denn Hass tut weh.

Warum aber pendeln wir zwischen Anhaftung und Hass, statt uns und andere wertzuschätzen? Weil wir unsere existentielle Getrenntheit, unser Leben als einzigartige Menschen für die ganze Wirklichkeit halten, ignorieren wir die essentielle Verbundenheit mit allen und allem in der einen Welt, zu der wir alle gehören. Das Gefühl der übertriebenen Getrenntheit weckt Angst, und dann halten wir an einigen unserer ständig wechselnden Erfahrungen fest und behaupten: „Das bin ich." Wir greifen nach dem, was unsere enge und fixierte Identität bestätigt, und lehnen das ab, was sie bedroht oder in Frage stellt. So entstehen aus der falschen Sicht der übertriebenen Getrenntheit unrealistische Selbstbilder und Erwartungen und die reaktiven Emotionen Angst, Anhaftung und Abwehr, und wenn wir so handeln, verstärkt das unsere Angst nur noch mehr.

Dankbarkeit und Wertschätzung für das, was da ist und was uns die anderen direkt und indirekt geben, sind ein Weg heraus aus dem Kreislauf des Leidens der sich ständig wiederholenden Probleme. Wir können regelmäßig auf die fassbare Verbundenheit mit anderen achten, die sich in dem zeigt, was wir zum Leben brauchen: Essen und Trinken, Kleidung und Möbel, Wohnung und technische Geräte, Bücher und Verkehrsmittel usw. Das weckt ganz natürlich eine tiefe Wertschätzung für andere, und dann fällt es uns leichter, freundlich und mitfühlend, hilfsbereit und fürsorglich zu handeln und einigermaßen gelassen zu bleiben, wenn das Leben schwierig ist.

Lügen

Achtet darauf,
nicht die Unwahrheit zu sagen,
weder vor Gericht
noch in einer Versammlung,
nicht in der Familie,
im Beruf noch vor dem König.
Weder zum eigenen Nutzen
noch für andere soll man lügen.
BUDDHA, MITTLERE SAMMLUNG 41

Warum sollen wir nicht lügen, wenn es doch manchmal so nützlich scheint?

Das Leben ist komplex, und oft wissen wir nicht, was angemessen und hilfreich ist. Wir suchen nach Orientierung und verlassen uns dabei auf Wissen und Erfahrungen, von uns und anderen. Weil wir so vieles nicht wissen und verstehen können, sind wir darauf angewiesen, dass die anderen uns nach bestem Wissen und Gewissen die Wahrheit sagen. Und auch darauf, dass Bücher und Informationen aus den Medien und dem Internet zuverlässig sind.

Das Gefühl von Sicherheit und Geborgenheit in der Welt und im Zusammenleben mit Menschen beruht in hohem Maße darauf, dass sie redlich und ehrlich sind. Manchmal lügen wir bewusst, weil wir uns besser darstellen wollen, Fehlverhalten verbergen oder andere schützen wollen. Manchmal schadet das uns und anderen wenig. Geschieht es aber häufig oder in wichtigen Bereichen, beschädigt das unser Vertrauen ineinander und damit eine zentrale Säule eines guten Lebens.

Verlust und Misserfolg tun weh, aber noch mehr verletzt es uns, wenn wir belogen werden. Den größten Schaden richten die Lügen an, die wir nicht einmal mehr bemerken, weil wir uns in einer bestimmten eingeschränkten Weltsicht eingerichtet haben, andere Ansichten nicht mehr zulassen können oder Meinungen mit Tatsachenaussagen verwechseln.

Keine Aussage ist absolut wahr, denn Biografie, Interessen, soziale Lage usw. prägen unseren Blick auf die Welt. Das geduldige Bemühen, nicht zu lügen, sondern die Wahrheit zu sagen, im Wissen um die Grenzen unserer Einsicht, hilft uns, gut zu leben, zum eigenen Wohl und dem aller.

Macht

Was ist die Stärke?
Die Kraft im Guten.
Was nennt man ihren Gegensatz?
Die Trägheit, den Hang zum Unwürdigen
und die Selbstverachtung aus Mutlosigkeit.
SHANTIDEVA, KAPITEL 7, VERS 2, 8. JH.

Was ist Macht? Der Soziologe Niklas Luhmann unterscheidet drei Arten von Einfluss auf andere: Natürliche *Autorität* durch gute Erfahrungen in der Vergangenheit. Direkten Einfluss in der Gegenwart durch Vertrauenswürdigkeit und gute Argumente. Und die *Macht*, künftiges Verhalten durch Sanktionen und Druck zu erzwingen.

Der Buddha lehnte Macht im Sinne von Sanktionen ab und betonte die Bedeutung von ethischem Verhalten und guten Vorbildern. Mönche und Nonnen wählten und wählen ihre Vorsteher und Äbtissinnen auf Zeit und konnten und können sie auch wieder abwählen.

Der Vers von Shantideva betont die Kraft der Autorität und des direkten Einflusses. Wir können dann einen guten Einfluss auf Menschen ausüben, wenn wir uns bemühen, sie nicht zu verletzen, sondern heilsam zu handeln, d. h. ihnen nach Möglichkeit Gutes zu tun.

Ethisches Verhalten ist nicht nur heilsam für uns und andere, sondern es fördert auch unser Selbstvertrauen und unsere Selbstwirksamkeit, weil es Trägheit und Mutlosigkeit verringert. Denn wir erfahren am eigenen Leib und sehen mit eigenen Augen, dass wir etwas tun und sogar Gutes bewirken können.

Meditation

Avalokiteshvara Bodhisattva,
in tiefste Weisheit versenkt,
erkannte, dass die fünf Skandhas leer sind
und verwandelte damit
alles Leid und allen Schmerz.
HERZ-SUTRA, MAHAYANA, 2. JH.

Das einzig lohnende Sammlungsobjekt
ist Bodhicitta.
PATRUL RINPOCHE, TIBETISCHER BUDDHISMUS, 20. JH.

Was tun wir, wenn wir meditieren? Wir schaffen ein günstiges Setting, in dem sich unsere angeborene Weisheit, Liebe und Kraft entfalten können. Erforschen wir die fünf Bereiche unserer Erfahrung, *skandhas*, erkennen wir, dass sie bedingt entstehen und leer von jeder Substanzhaftigkeit sind, und dann leiden wir weniger an überzogenen Erwartungen. Das ist *Weisheit*. Sie ist die Grundlage von universeller Nächstenliebe, *bodhicitta*.

Es geht nicht darum, mit fassbaren Techniken ein fassbares Ziel zu erreichen, sondern auf die Entfaltung von Weisheit und Mitgefühl zu *vertrauen*. Dabei können uns Methoden helfen, die zu uns passen: z. B. den Atem oder den Körper spüren; eine Gehmeditation; ein Mantra oder ein Gebet rezitieren; „einfach sitzen“. Techniken sind nur Mittel, nie Zweck der Übung, und wir müssen ausprobieren, welche Übung wir gerne und regelmäßig machen können und wollen. Wenn wir mit einer vertrauten Methode üben, beruhigt das zunächst Körper, Emotionen und Gedanken. Dann können wir den lebendigen Raum in uns entdecken, in dem Liebe, Kraft und Weisheit spontan aufscheinen. Hilfreich ist das Gespräch mit einer Lehrerin oder einer Person des Vertrauens über unsere Erfahrungen beim Üben, denn wir neigen alle dazu, an schönen Erfahrungen festzuhalten, unangenehme Erfahrungen abzulehnen, uns in Gedanken zu verlieren oder zu dösen. Damit müssen und können wir umgehen lernen.

Wenn wir regelmäßig und gerne zehn bis dreißig Minuten am Tag üben, erleben wir ab und zu Momente der Klarheit oder Ruhe, der leisen Freude und Verbundenheit. Zwar sind alle Erfahrungen unbeständig, sie können aber unser Vertrauen stärken, dass Offenheit, Klarheit und Feinfühligkeit unsere Tiefendimension sind, auch dann, wenn wir das gerade nicht erleben. Meditation und Gebet öffnen uns für diese Dimension, und das kann unerschütterliches Vertrauen wecken, das uns auch dann trägt, wenn wir uns verschlossen, unklar und unsensibel fühlen.

Mitgefühl

Mögen die Wesen nur Glück erleben,
frei sein von Leid, voller Freud',
in Gleichmut ruh'n.
DIE VIER UNERMESSLICHEN HALTUNGEN, LIEDFASSUNG

Freundlichkeit und Mitgefühl, Freude und Gleichmut gelten als die Vier Unermesslichen Haltungen, *apramana*, oder Himmlischen Gefühle, *brahmavihara*, und sie werden von allen Traditionen des Buddhismus geschätzt und gelehrt. Sie schützen uns vor Überheblichkeit, wenn es gut läuft, und vor Ohnmacht und Wut, Angst und Verzweiflung, wenn es schlecht läuft.

Mitgefühl, im christlichen Kontext meist Barmherzigkeit oder Erbarmen genannt, gilt als ein Allheilmittel für alle Lebenslagen. Es kann sich voll entfalten, wenn die übrigen drei Haltungen – Freundlichkeit, Freude bzw. Dankbarkeit und Gleichmut bzw. Gelassenheit – im Hintergrund mitschwingen. Fehlen sie, werden wir vom eigenen Leid oder dem der anderen leicht überschwemmt, weil wir uns mit dem Schmerz identifizieren, und dann leiden wir mehr als nötig.

Im Mahayana-Buddhismus gilt Mitgefühl als der *Wunsch*, Leiden bei sich und anderen zu verringern, verbunden mit der *Zuversicht*, dass das möglich ist. Das fällt uns leichter, wenn wir das Gute im Leben bewusst und gezielt wahrnehmen, wertschätzen und akzeptieren, dass zum Leben auch die natürlichen Leiden von Alter, Krankheit und Tod, Verlust und Misserfolg usw. dazugehören.

Wir können Mitgefühl gezielt üben, indem wir immer wieder über einen Zeitraum von einigen Tagen diesen Vers am Morgen singen oder sprechen und auf uns wirken lassen und am Abend über unser mehr oder weniger mitfühlendes Verhalten während des Tages nachdenken.

Wenn wir eine Person ablehnen, kann uns der Blick auf das Leiden, das hinter ihrem Verhalten steht, vielleicht helfen, Mitgefühl für sie zu entwickeln.

Mut

Der Wesen sind unendlich viele.
Ich gelobe, sie alle zu retten.
Die Leidenschaften sind unerschöpflich.
Ich gelobe, sie alle zu überwinden.
Der Tore der Wahrheit sind unzählbar viele.
Ich gelobe, sie alle zu durchschreiten.
Der Weg des Buddha ist unendlich.
Ich gelobe, ihn bis zum Ende zu gehen.
Die Vier Grossen Gelübde, Japanisches Zen

Bodhisattvas sind Wesen, *sattva*, die Erwachen, *bodhi*, zum Wohle aller Wesen anstreben. Wenn wir den Weg der Bodhisattvas gehen, wollen und sollen uns ihre Vier Großen Gelübde Tag für Tag an diesen Wunsch erinnern und zu einem klugen und mitfühlenden Handeln inspirieren. Dazu gehört Mut – jenseits von Tollkühnheit und Leichtsinn, Gier nach Lob und Anerkennung und schnellem Erfolg.

Die Gelübde sind paradox formuliert, so dass sie jedes Erfolgsdenken aushebeln und den Alltagsverstand an seine Grenzen bringen. Man kann sie begrifflich nicht wirklich verstehen, sie können aber unser Herz berühren und eine tiefe Ahnung der Verbundenheit von allem und allen wecken. Das kann uns vielleicht den Mut und die Zuversicht schenken, die wir für diesen Weg brauchen.

Mut bzw. Tapferkeit gehörte neben Klugheit, Gerechtigkeit und Mäßigung schon zu den vier Kardinaltugenden der griechischen Antike. Auch hier wird deutlich, dass es bei Mut nicht um eine isolierte Fähigkeit geht, sondern um ein Zusammenspiel von Einsicht und Mitgefühl, von Bescheidenheit und mutiger Zuversicht, wie es auch die Vier Großen Gelübde des Zen beschreiben.

Ohne die sozialen Haltungen von Mitgefühl und Gerechtigkeit, ohne die Einsicht in die eigenen Verblendungen und schädlichen Muster, ohne Offenheit für die vielen Perspektiven der anderen und ohne den Mut und die Bereitschaft, den komplexen und nach oben hin offenen Weg der Ethik, Sammlung und tiefen Einsicht „bis zum Ende“ zu gehen, können wir nicht wirklich zum Wohle aller leben.

Nichts

Buddhas sagen,
Leerheit ist das Aufgeben von Ansichten.
Wer an Leerheit glaubt, ist unheilbar.
NAGARJUNA, VERSE AUS DER MITTE, 13,8, 2. JH.

Der Buddha lehrte, dass es kein beständiges oder fixierbares Ich und keine fassbaren Dinge gibt, sondern nur Phänomene, die bedingt entstehen und vergehen. Er betonte aber die Bedeutung der Verantwortung der Einzelnen für ihr Verhalten mit Körper, Rede und Geist und ermutigte sie zu heilsamem Tun.

Nagarjuna, der Poet der Leerheit, formulierte es sechs Jahrhunderte später kurz und knapp so: „Leerheit ist das Aufgeben von Ansichten." Leerheit bedeutet nicht Nichts, sondern das Aufgeben oder Hinterfragen von rigiden Ansichten. Seine These: Weil alle Dinge bedingt entstehen, sind sie leer von dem, was wir ihnen zuschreiben. Und weil sie leer sind von unseren Zuschreibungen, können sie bedingt entstehen und vergehen.

Für Buddha und Nagarjuna sind alle Erfahrungen, auch die der fünf Sinne, letztlich nicht fassbar. Wenn wir das mit Herz und Verstand verstehen, leben wir leichter, weil wir weder stur an unseren eigenen Erfahrungen und ihrer Interpretation festhalten noch die von anderen abwerten müssen.

Wer die Leerheit oder Unfassbarkeit aller Erfahrungen als Nichts interpretiert, verfestigt die Erfahrung der Unfassbarkeit begrifflich und reduziert sie auf eine Hälfte ihrer Bedeutung: nicht fassbar. Die andere Hälfte der Aussage – alles entsteht bedingt – wird ignoriert, weil eine reduktionistische Sicht das Paradox der Aussage nicht fassen kann.

Wir suchen nach handfesten Erklärungen für Glück und Leid, die immer und überall gelten sollen, weil wir Ungewissheit nur schwer aushalten. Wir interpretieren symbolische oder poetische Aussagen als Eins-zu-Eins-Beschreibungen des Unfassbaren und halten sie dann für lächerlich. Oder wir erklären unfassbare Erfahrungen materialistisch und reduzieren sie darauf: Liebe ist ja „bloß" ein Hormonrausch.

Nagarjunas Vers weist uns auch darauf hin, dass wir nicht ständig alles hinterfragen können, sondern Lehren und Übungen zur Orientierung brauchen. Denn: „Wer an Leerheit glaubt, ist unheilbar", weil er die Welt für bloßen Schein hält und so weder Liebe noch Mitgefühl, weder Freude noch Gleichmut entwickeln und kein Leben zum Wohle aller führen kann.

Not

Das Leidvolle und Unbefriedigende,
Geburt, Alter, Tod, Krankheit, Sterben,
Sorgen, Kummer, Verzweiflung,
all das ist leidvoll …
Es gibt verschiedene Arten von Leiden,
doch alle sind stets
mit der Erwartung verbunden,
das Leid zu vertreiben.
Erwartung oder Verzweiflung
sind die beiden Ergebnisse des Leidens.
Was ist nun der Schlüssel dafür,
all diese Faktoren zu durchschauen
und zu vernichten?
Es ist die Auflösung des Begehrens.
Die Methode dafür
ist der achtfache Übungsweg.
Durch ihn kann man das Leidvolle erkennen,
die Bedingungen seines Entstehens,
die unterschiedlichen Arten des Leidens
und wohin sie führen
und schließlich den zum Ende des Leidens
führenden Weg.

BUDDHA, ANGEREIHTE SAMMLUNG 6,63

Leben ist schön und schwierig, tragisch und erhaben. Und das natürliche Leiden durch Alter, Krankheit, Verlust, Not usw. gehört dazu.

Zusätzliches Leiden entsteht, wenn wir eine heile Welt ohne Probleme erwarten. Das ist und bleibt eine Vorstellung, die uns oft genug das Leben versauert. Wir können und sollen alles tun, was sozial verträglich und ethisch vertretbar ist, um Leid und Not von anderen und von uns selbst zu verringern.

Aber auch ein gewisses Maß an Status und Besitz, Anerkennung und angenehmen Gefühlen stellen uns nicht völlig zufrieden. Da alle Bedingungen komplex und unbeständig sind, besteht stets die Gefahr, den relativen Wohlstand wieder zu verlieren.

Was erlöst von Not und Kummer? Der Buddha empfiehlt, unsere überzogenen Erwartungen und Ansprüche an ein leidfreies Leben, unser Begehren danach und das Festhalten daran, zu hinterfragen, uns über alle guten Bedingungen zu freuen, solange sie da sind, und Not und Leid mit Mitgefühl und Gelassenheit anzunehmen – im Wissen, dass auch sie unbeständig sind und manchmal Anstoß zum Guten, zu tiefen Einsichten, Mitgefühl und klugem Handeln werden können. All das lernen wir auf dem achtfachen Übungsweg.

Ökologie

Möge der Regengott
zur rechten Zeit es regnen lassen,
und möge die Ernte reichlich sein.
Möge die Welt wohlhabend sein
und der König gerecht.
SHANTIDEVA, 10,39, 8. JH.

Jede Zeit und Kultur hat ihre besondere Beziehung zur Natur. In der Zeit des Buddha, vor 2500 Jahren, und noch 1300 Jahre später, zur Zeit des indischen Mönchs Shantideva, glaubte man an eine belebte Natur, bat die Naturgötter um günstige Bedingungen und brachte ihnen regelmäßig Gaben dar.

Gaben sind Ausdruck von Achtung und Wertschätzung, und diese Haltung führt zu einem heilsamen Umgehen nicht nur mit Menschen, sondern auch mit Pflanzen und Tieren. Ein Ausdruck dieses Respekts ist Shantidevas Wunschgebet.

Jedes Handeln hat Folgen, beabsichtigte und unbeabsichtigte. Buddhistinnen und Buddhisten bemühen sich um heilsame Absichten, aber das reicht nicht, denn wir wissen: Gut gemeint ist nicht immer gut gemacht. Wir wollen und sollen auch die Folgen unseres Handelns beobachten. Nur wenn Handeln zum Heil führt, ist es heilsam. Wenn es zum Unheil führt, nicht.

Shantideva widmet die erhofften heilsamen Folgen seiner Übung, seine Verdienste, *punya*, dem Gedeihen der Natur zum Wohle der Menschen. Er sieht die enge Verbindung von Gedeihen der Natur und einer gerechten Regierung. Sie soll Menschen nicht übervorteilen, sondern zu guten Lebensbedingungen beitragen.

Wir können dieses Wunschgebet für unsere Zeit vielleicht so übersetzen: Mögen demokratisch gewählte Regierungen die Regeln für Landwirtschaft und Industrie und alle Bereiche der Gesellschaft so gestalten, dass die Natur gehegt und gepflegt wird zum Wohle aller Wesen. Zum Wohle von Menschen, Tieren und Pflanzen.

Reichtum

Möge ich den bedürftigen Wesen
ein unerschöpflicher Schatz sein.
Möge ich ihnen in mannigfachen Arten
der Unterstützung beistehen.
SHANTIDEVA, 3,9, 8. JH.

Reich ist, wer teilen kann.
INDISCHES SPRICHWORT

Reichtum gilt in Indien als karmische Folge von heilsamem Handeln in früheren Leben, und zwar als Folge von Großzügigkeit. In den Hindu-Traditionen wird eher Dankbarkeit und Freude über die guten Bedingungen in *diesem* Leben betont, in den buddhistischen Traditionen darüber hinaus vor allem die Notwendigkeit, jetzt und in diesem Leben durch Großzügigkeit die Ursachen für Wohlstand in *künftigen* Leben zu schaffen.

Da es aus Sicht der Moderne keine wissenschaftlichen Beweise für Reinkarnation oder Wiedergeburt gibt, stellt sich die Frage, wozu solche Aussagen gut sein sollen. Als Pädagogin sehe ich das so: Wenn die Erklärung von Wohlstand als Folge von Großzügigkeit dazu beiträgt, dass Menschen in diesem Leben großzügig sind, dann ist das wunderbar. Wenn sie dazu instrumentalisiert wird, sich auf seinem Reichtum auszuruhen, dann ist das eine Fehlinterpretation.

Die Karma-Lehren sollen uns nicht stolz und selbstzufrieden machen, sondern sie wollen uns dazu ermuntern, mit offenen Augen und mit viel Mitgefühl durch die Welt zu gehen. Wir können Menschen in Not unterstützen, Institutionen und Projekte fördern, die sich für Ausgleich, Versöhnung und soziale Gerechtigkeit einsetzen und vieles mehr.

Eine der schönsten Interpretationen des Sinns von Reichtum gibt das indische Sprichwort „Reich ist, wer teilen kann". Ich habe es 1997 zum ersten Mal bei meiner dritten Indienreise gehört und bin danach vielen reichen Menschen begegnet, die wir als arm bezeichnen würden. Wir brauchen also keinen Lottogewinn, um uns reich zu fühlen. Wenn wir das, was wir haben, schätzen und frohen Herzens teilen können, sind wir reich.

Sinn

Das Dharma ist gut am Anfang,
in der Mitte und am Ende.
BUDDHA

Es gibt nur eine falsche Sicht:
Der Glaube, meine Sicht
ist die einzig richtige.
NGARJUNA, MAHAPRAJNAPARAMITA-SASTRA, 2. JH.

Brauchen wir einen Sinn im Leben? Gibt es den einen objektiven Sinn oder müssen wir unseren eigenen Sinn er-finden? Frei interpretiert halten Buddhismus und Resilienzforschung *Freude, Beziehungen* und *Sinn* für die drei zentralen Faktoren, die uns helfen, großes Leid und Verzweiflung zu verarbeiten.

Ohne *Freude*, Wertschätzung und Dankbarkeit für das, was da ist, haben wir nicht genügend Kraft zum Leben, und ohne verlässliche, tragfähige und ethische *Beziehungen* können wir unsere Fähigkeiten nicht entfalten. Und drittens ist das Leben so vielfältig und komplex, dass wir *Sinn* und Orientierung brauchen. Dafür sorgten in der Vormoderne aller Kulturen die jeweils gültigen Konventionen und Sitten.

Traditionelle Werte und Bräuche leiten auch weiterhin das Leben vieler Menschen, aber die zunehmende Individualisierung seit Renaissance, Reformation und Aufklärung hat das verändert. Die Neuzeit erreichte im 19. Jh. wohl ihren Höhepunkt im Fortschrittsglauben von Wissenschaft, Wirtschaft und Politik. Heute trägt das nicht mehr alle, und so fragen viele Menschen nach dem Sinn des Lebens und der Welt.

Auch der Buddha lebte vor zweieinhalbtausend Jahren in einer Umbruchzeit, und er schenkte den Menschen das Dharma: das was trägt, *dhri*, wenn alle Sicherheiten zusammenbrechen. Das Dharma lehrt uns vor allem *Ethik*, *Sammlung* und *Einsicht*. Es will uns gerade in schwierigen Zeiten dazu befähigen, uns immer wieder zu beruhigen, ethisch zu leben und miteinander auszukommen. Das ist für mich die zentrale Aufgabe jeder Spielart des Humanismus und auch jeder Religion.

Ein ethisches Leben fällt uns leichter, wenn wir zwei weitere Wahrheiten entdecken, die Sinn geben: die *Verbundenheit* mit allen und allem und die *Relativität* aller Vorstellungen und Konzepte. Das ist nicht leicht, aber möglich, wenn wir das von ganzem Herzen und allen Kräften wollen und es Tag für Tag einüben.

Streiten

Weisheit beginnt, wenn wir ein Problem aus mehr als einer Perspektive betrachten können.
LAMA THUBTEN YESHE, 20. JH.

Ein gültiges Konzept hat zwei Bedingungen: Wir wissen, es ist ein Konzept, und es funktioniert.
BUDDHISTISCHE LOGIK NACH TARAB TALKU, 20. JH.

Wir streiten mit Leuten, die wir dumm oder gefährlich finden, aber auch mit Menschen, die wir schätzen und mögen. Der Buddha lehrt, dass wir das tun, weil wir eine Situation nicht aus der Perspektive der anderen sehen können. Wir sind so unsicher, dass wir an unserer Meinung festhalten, selbst dann, wenn wir es eigentlich besser wissen könnten.

Zwei Wege führen zum mehrperspektivischen Denken: *Einsicht* und *Mitgefühl*. Mir selbst fällt Einsicht leichter, denn seit meiner Kindheit will ich die Welt und die Menschen verstehen. Die These der buddhistischen Logik lautet: Wirklichkeit ist mit Sprache nicht fassbar, und alle Konzepte sind Konventionen.

Wir können und müssen lernen, zwischen *gültigen* und *ungültigen* Konzepten zu unterscheiden. Ungültig sind Konzepte, wenn wir nicht wissen, dass sie Konzepte sind, ob sie nun für eine Weile funktionieren oder nicht. Gültig sind Konzepte, wenn wir wissen, es ist ein Konzept und – es funktioniert. Mit diesem Ansatz kann ich leichter zuhören und andere Meinungen aushalten, und ich lerne viel dabei. Ich rege mich immer noch über bestimmte Ansichten auf, will sie aber meist wenigstens verstehen, denn ich weiß, dass ich nicht weiß, was wirklich und objektiv stimmt.

Bei Dingen, die mir am Herzen liegen, versuche ich natürlich, die anderen durch Charme und kluge Argumente zu meiner Sicht zu bekehren, aber wenn das nicht gelingt, kann ich auch nachgeben. Ich kann mir und anderen Rechthaberei leichter verzeihen, leider oft erst im Nachhinein, weil ich weiß, wie schwer es ist, die Perspektive zu wechseln. Vor allem dann, wenn wir unsicher, aufgeregt oder enttäuscht sind.

Der *Verstand* kann Widersprüche und Spannungen nicht aushalten und will und muss Gegensätze hierarchisch ordnen. Das *Herz* kann zwei gegensätzliche Meinungen ertragen, und dabei hilft ihm der Blick auf Gemeinsamkeiten und – Mitgefühl. Wenn ich bemerke, dass mein Verhalten andere verletzt oder dass ich und andere nur deshalb an einer Meinung festhalten, weil wir unsicher sind, kann ich mich leichter um Verständigung bemühen.

Toleranz

Es gibt sechs Ursachen von Streit.
Wer streitet, ist entweder zornig
und voller Rachegelüste,
oder er ist anmaßend und verachtet andere,
oder er ist neidisch und geizig,
oder unehrlich und betrügerisch,
oder er hat böse Wünsche und Absichten,
oder er hängt an eigenen Ansichten,
hält sie hartnäckig fest und kann sie nicht loslassen.

BUDDHA, MITTLERE SAMMLUNG 104

Wir brauchen Toleranz, um mit Menschen auszukommen, die die Welt anders sehen als wir. Toleranz im Sinne von dulden oder aushalten bedeutet nicht gutheißen. Sie ist eine lebenskluge Antwort auf die Erfahrung der Unterschiedlichkeit der Menschen, und sie war schon Ideal und Notwendigkeit in der Zeit des Buddha.

Toleranz ist und bleibt auch das Herz einer modernen demokratischen Gesellschaft und die Hoffnung einer globalisierten Welt. Wer die Andersheit der anderen nicht ertragen kann, will und wird mit ihnen streiten. Die Wurzel von Streit sind die drei Gifte – Gier, Hass und Verblendung in ihren 84 000 Varianten, wie es die Tradition sehr bildhaft beschreibt. Ihre Grundlage ist Nichtwissen, d. h. ein Mangel an Einsicht in die Grenzen des eigenen Wissens und Könnens und an Vertrauen in die Weisheit in uns und allen.

Da wir weder uns noch die anderen noch die Welt völlig verstehen, spüren wir oft ein diffuses Minderwertigkeitsgefühl. Das kompensieren wir mit Ärger, Überheblichkeit und Verachtung, mit Neid und Geiz usw. Aber all diese reaktiven Emotionen verstärken nur unser Mangelgefühl und das Festhalten an allzu schlichten Vorstellungen über uns selbst und die Welt.

Der Buddha empfiehlt, die eigenen Ansichten zu überprüfen und Toleranz und Geduld mit uns und anderen zu üben. Das ist nicht einfach, aber möglich. Der Schlüssel zu einer liebevollen und mitfühlenden, wertschätzenden und gelassenen Haltung ist ethisches Verhalten und die Pflege unserer langfristigen Beziehungen.

Trauer

Dies nun, ihr Mönche, ist die edle Wahrheit vom Leiden: *Geburt ist Leiden, Alter ist Leiden, Krankheit ist Leiden, Sterben ist Leiden, Kummer, Jammer, Schmerz, Trübsinn und Verzweiflung sind Leiden; vereint sein mit Unlieben ist Leiden, getrennt sein von Lieben ist Leiden; was man verlangt, nicht erlangen, ist Leiden. Kurz gesagt: die fünf Faktoren des Ergreifens sind Leiden …*
Dies nun, ihr Mönche, ist die edle Wahrheit von der Leidensentwicklung: *Es ist dieser Durst …, nämlich der sinnliche Durst, der Daseinsdurst, der Durst nach Nichtsein …*
BUDDHA, GRUPPIERTE SAMMLUNG 56,11

Trauer ist keine zentrale Kategorie im Buddhismus, aber eine der vielen Begleiterscheinungen von Leiden. Der Buddha unterscheidet zwischen den *natürlichen* acht Arten des Leidens, die zum Leben dazugehören, und dem *zusätzlichen* Leiden, das durch falsche Sicht, ungültige Konzepte und überzogene Erwartungen, durch Festhalten an und Ablehnen von Erfahrungen entsteht. In seinen Worten: durch sinnlichen Durst, Daseinsdurst und Durst nach Nichtsein, d.h. durch das unstillbare Verlangen nach

Sinneserfahrungen, Status und Anerkennung, die nie überdauern, und bei Enttäuschungen sogar durch den Wunsch, gar nicht mehr zu existieren.

Es braucht viel spirituelle und soziale Geborgenheit – die heutigen Menschen mehr zu fehlen scheint als Menschen der Vormoderne –, damit wir genug Selbstvertrauen und innere Stabilität entwickeln. Denn das brauchen wir, damit wir am natürlichen Leiden nicht verzweifeln, sondern es annehmen und aushalten und das Beste daraus machen können. Die dazu nötige Zuversicht und Tatkraft entstehen aus Dankbarkeit für und Freude über das, was da ist, gelingt und gut ist und vor allem auch aus unserer Freude am heilsamen Tun von uns und anderen.

Der Buddha anerkennt und betont, dass die genannten acht Erfahrungen Leiden sind, und er rät uns damit implizit, sie zu spüren und anzuerkennen und als Teil des Lebens anzunehmen, aber auch, nicht durch Gier, Hass und Verblendung in ihnen zu versinken.

Natürliches Leiden ist ein unvermeidbarer Teil des Lebens, weil alle Erfahrungen und Bedingungen unbeständig und letztlich nicht zu kontrollieren sind. Wer das annimmt, kann über Leiden und Verluste trauern und sich freuen über das, was da ist.

Verbundenheit

Alle Wesen sind wie Perlen in Indras Netz.
AVATAMSAKA SUTRA, CHINA, 5. JH.

Solange wir glauben, wir seien einsame Individuen in einem sinnlosen und zufälligen Universum, fühlen wir uns einsam und ohne Bedeutung. Je mehr wir verstehen, dass das Leben und das Universum ein unfassbares Ganzes sind und wir ein lebendiger und unverzichtbarer Teil davon, fühlen wir uns verbunden und können mehr und mehr aus dieser Verbundenheit heraus leben und handeln.

Alte Religionen, moderner Humanismus und Quantenphysik erzählen Geschichten über unsere Verbundenheit. Wir hören, dass wir selbst und alles und alle aus 14 Milliarden Jahre alten unsterblichen Atomen bestehen, die im Urknall entstanden und sich immer wieder neu konstellieren. Wir sind im wahrsten Sinne des Wortes alle „Eine Handvoll Sternenstaub"[5] (Lorenz Marti). Vielleicht machen dann auch alte Bilder, wie Indras Netz und das biblische Wort von uns als Kindern Gottes, neuen Sinn.

Das Mahayana beschreibt uns in einem eindrücklichen Bild als kostbare Perlen in Indras Netz und betont, dass sich alles, was wir denken, sagen und tun, auf alle und alles auswirkt. Dieses Bild kann uns Mut machen, uns als wesentlichen Teil einer unfassbaren Ganzheit zu sehen und zu fühlen. Wir sind zwar nur ein kleiner Teil des Ganzen, aber wir können Einfluss nehmen durch kleine mitfühlende und kluge Handlungen.

Wir werden vielleicht nie genau verstehen, wie diese *essentielle* Verbundenheit in ihrer Tiefendimension aussieht, aber wir können bei der konkret *erlebbaren* Verbundenheit, die wir tagtäglich erleben, ansetzen. Wir können bewusst und gezielt Dankbarkeit und Wertschätzung für all das entwickeln, was in unserem Leben funktioniert, und so die direkte und indirekte Verbundenheit mit den Menschen spüren, die dabei mitgewirkt haben.

Dankbarkeit und Freude über das Gute, das wir und andere tun, sind ein einfacher und direkter Weg zu einem guten Leben in Verbundenheit und Freude.

Versöhnung

Du brauchst dich nie zu ärgern.
Ändere, was du verändern kannst.
Nimm an, was du nicht ändern kannst.
Und lerne, beides klug zu unterscheiden.
TIBETISCHES SPRICHWORT

Alle Wesen wollen glücklich sein und nicht leiden. Aber auch wenn wir uns sehr darum bemühen, klappt das nicht immer. Was können wir von unserer Seite her tun oder lassen, um Frieden mit einer unvollkommenen Welt zu schließen und uns mit uns selbst, mit den anderen und mit der Welt, so wie sie ist, zu versöhnen?

Der Buddhismus unterscheidet zwischen sekundären *äußeren Bedingungen* für Leiden – Menschen, Dinge, Natur und Kultur usw. – und den *primären inneren* Ursachen. Dazu gehören z. B. unsere Sicht auf die Welt, bestimmte Annahmen und Erwartungen oder reaktive Muster.

Einige der Bedingungen im Außen können wir verändern und für uns selbst und hoffentlich auch für andere günstiger gestalten. Und viele Menschen tun das auch.

Und doch sind viele Menschen in unseren

westlichen Wohlstandsgesellschaften eher unzufrieden. Warum? Weil wir vergessen, dass vor allem unsere aktuelle Verfassung und Stimmung, unsere Erwartungen und Muster darüber entscheiden, wie wir Erfahrungen und Umstände, Menschen und Dinge bewerten.

Dankbarkeit für und Freude über gute Bedingungen sind Schlüssel zur Versöhnung mit dem natürlichen Leiden, das zum Leben dazugehört, weil alles Bedingte unbeständig und nie völlig zu kontrollieren ist.

Überzogene Erwartungen entstehen häufig dadurch, dass wir unsere derzeitigen Umstände nicht mit eigenen früheren Erfahrungen und denen der Generationen vor uns vergleichen, sondern mit dem Ideal eines perfekten Lebens, das nur in unserer Fantasie existiert. Dann leiden wir unter der „Penetranz der Reste“ (Odo Marquardt), daran, dass unser Leben immer noch nicht perfekt ist, statt uns über gute Bedingungen für uns und andere zu freuen.

Vertrauen

Das Leiden ist jedoch die Voraussetzung dafür, dass in einem Menschen der Wunsch entsteht, sich daraus zu lösen, und dass Vertrauen entsteht, dass es einen Weg gibt, der zum Ende des Leidens führt.
BUDDHA, GRUPPIERTE SAMMLUNG 12,23

Wir wissen, dass wir leiden, weil wir das Gegenteil kennen. Und wir können uns nur nach Liebe und Freiheit sehnen, weil wir sie „irgendwie" kennen.

Leiden wird ein Tor zum Vertrauen, wenn es uns aufrüttelt aus einem Leben in konventionellen Bahnen. Weil wir eine Ahnung von Glück haben, glauben wir auch an einen Weg dorthin. Glauben bedeutet hier kein naives Festhalten an Vorstellungen von einem utopischen Nirgendwo oder Schlaraffenland, sondern die tiefe Ahnung, dass wir mehr erleben, als wir begreifen. Wir vertrauen immer schon auf dieses Mehr, aber wenn wir das bemerken, verändert sich alles.

Der Buddhismus beschreibt den Zusammenhang zwischen dem Fassbaren und Unfassbaren mit den drei Dimensionen der Zuflucht. Wir nehmen zunächst Zuflucht zu Buddha, Dharma und Sangha im *Außen*, d.h. zum historischen Buddha als Vorbild, zu seinen Lehren und zur Gemeinde der Lehrenden in Zeit und Raum.

Wir glauben mit *kindlichem Vertrauen* daran, dass sie uns inspirieren und begleiten können und machen uns auf den Weg. Wir lernen Lehren und Übungen kennen und probieren sie aus. Dadurch entsteht *vernünftiges Vertrauen* oder *Selbstvertrauen*, das auf eigenen Erfahrungen beruht. Irgendwann bemerken wir aber, dass das Vertrauen in andere, in Vorbilder, Lehren und Übungen Grenzen hat, und auch unser Selbstvertrauen, denn wir wissen und können nicht alles. Auch die besten Lehrerinnen und Mentoren sind sterblich, manche Lehren verstehen wir einfach nicht, und in jeder spirituellen Tradition gibt es Geschichten, die wir nicht glauben wollen und können. Wenn wir weiterüben, können wir, vielleicht auch nach der schweren Erfahrung von dunklen Nächten und Phasen der Verzweiflung, ein Vertrauen entdecken, das nicht auf schönen Gefühlen und klugen Ideen beruht. Dieses *unerschütterliche Vertrauen* ins große Ganze, in die uns allen angeborene Weisheit, in Buddha-Natur, müssen wir nicht beweisen, denn es übersteigt Denken, Zeit und Raum. Dieses unerschütterliche Vertrauen, das Christen Gottvertrauen nennen, trägt uns, was auch geschieht.

Vorbilder

Der Guru ist die Grundlage
aller guten Eigenschaften.
LAMA TSONGKHPA, 15. JH.

Die Gurvi ist die Grundlage
aller guten Eigenschaften.
AKTUALISIERTE FASSUNG, 20. JH.

In dem Augenblick,
in dem du einem Lehrer zutraust,
dass er dich begleiten kann,
vertraust du darauf,
dass du dich entwickeln kannst.
LAMA THUBTEN YESHE, 20. JH.

Das Herz des Erwachens ist Vertrauen in die Weisheit in uns und allen. Wie können wir dieses Vertrauen entdecken? Die buddhistische Tradition beschreibt drei Dimensionen des Vertrauens, die durch drei Arten des Lernens entstehen. *Zuhören* und lesen fördert das *Vertrauen in andere* Menschen. *Selberdenken* und ausprobieren fördert vernünftiges *Selbstvertrauen,* und die geduldige und gründliche meditative *Beschäftigung* mit dem Erkannten führt zu *unerschütterlichem Vertrauen.*

Wir sind primär soziale Wesen und wir brauchen andere Menschen wie die Luft zum

Atmen. Tiefes Vertrauen entwickelt sich durch Vertrauen in andere. Diesen Prozess kenne ich gut. Seit meiner Kindheit haben mich bestimmte Frauen und Männer dazu inspiriert, Neues auszuprobieren und meine Anlagen zu entfalten. Weil andere Menschen Vertrauen in meine Fähigkeiten hatten, lernte ich mir vertrauen.

Guru oder *Gurvi*, Lehrer und Lehrerin, sind in dem Sinn die Grundlage aller guten Eigenschaften, weil wir unser Leben lang Vorbilder brauchen, um unsere Fähigkeiten zu erkennen und weiterzuentwickeln. Wer anderen nicht vertraut, kann auch sich selbst nicht vertrauen. Und wir brauchen ihr Vertrauen in uns, damit wir uns mehr zutrauen. Diese These gewinnt noch mehr Gewicht, wenn wir das Geschlecht und andere für uns wichtige Aspekte des Vorbildes mit reflektieren. Seit ich bewusst von Frauen lerne, kann ich mühelos Frauen Kompetenz zuschreiben und damit auch mir selbst als Frau.

Bei Respekt und Ehrerbietung geht es nicht darum, andere Menschen zu idealisieren, um ihre Zuneigung oder Protektion zu gewinnen, sondern darum, mit ihnen als Spiegel unsere je eigenen Fähigkeiten zu entdecken und zu entfalten – mit Freude und Dankbarkeit, dass wir von ihnen lernen können. Je mehr uns das gelingt, desto leichter können wir allen Menschen mit Respekt begegnen und von ihnen lernen.

Wahrheit

Wer seine Kleshas erkennt, ist erwacht.
Wer über Erwachen spekuliert,
ist verblendet.
DOGEN, SHOBOGENZO, JAPANISCHES ZEN, 16. JH.

Die bekannteste buddhistische Aussage zum Thema Wahrheit ist die Lehre von den Vier Edlen Wahrheiten, vom *Leiden*, seinen *Ursachen*, seinem *Aufhören* – auch Befreiung oder Erwachen genannt – und dem *Weg* dahin.

Die kurze Definition von Dogen, dem Gründer der Soto-Schule des Japanischen Zen, fasst Weg und Ziel sehr knapp zusammen und ironisiert zugleich die endlosen Spekulationen über das Erwachen. Wer immer und immer wieder seine Verblendungen, *klesha*, bemerkt, ist in genau dem Augenblick erwacht, sagt Dogen.

Es geht nicht um ein idealisiertes Ziel, das man durch fleißiges Bemühen irgendwann erreicht, sondern darum, Gier, Hass und Verblendung in ihren vielen Varianten zu bemerken. Immer und immer wieder.

Wir sehen die Dinge nicht, „wie sie sind", als bedingt entstanden und komplex, unbeständig und veränderlich und daher nie völlig zufriedenstellend. Wir sehen nicht die Dinge, sondern nur unser Wunsch- oder Hassbild von ihnen.

Die „Wahrheit der Dinge" liegt jenseits von Worten und Begriffen, und daher können wir sie nie mit unserem begrifflichen Verstand fassen. Wir können aber ungültige Konzepte und reaktive Muster bemerken, und dann sind wir, so die frohe Botschaft von Zen-Meister Dogen, genau in diesem Moment frei von ihnen – und damit wach oder erwacht.

Diese konkrete Definition von Erwachen mögen leistungsorientierte Menschen aus dem Westen und aus Asien, die nach dem greifbaren Besitz von Wissen, Status und Anerkennung und nach angenehmen Erfahrungen streben, ganz und gar nicht.

Aus diesem Grund spekulieren wir lieber über das Erwachen und den Weg dorthin, als unsere Erwartungen und Muster zur Kenntnis zu nehmen. Dieser Weg ist nach oben hin offen – und kein Ende in Sicht. Das mögen wir nicht. Aber wenn wir diese Abwehr bemerken, sind wir in diesem Augenblick wach und schon ein bisschen erwacht.

Weisheit

Das höchste Verstehen
überwindet jedes Dies und Das.
Das höchste Tun
umfasst große Fülle ohne Anhaftung.
Die höchste Vollendung
schaut die Welt, ohne zu hoffen.
TILOPA, DAS LIED VON MAHAMUDRA, 10. JH.

Der Begriff Weisheit, *prajna, jnana, vidya,* hat ein sehr breites Bedeutungsspektrum, und aus diesem Grund gibt es auch unterschiedliche Begriffe und Definitionen dafür. Letztlich bezieht er sich aber in allen buddhistischen Schulen auf eine tiefe Einsicht jenseits von Worten.

Auf dem Weg dorthin brauchen wir begriffliches *Wissen* bzw. unterscheidende Weisheit, *vijnana,* und die Fähigkeit, unsere Einsichten in kluges und mitfühlendes *Handeln* umzusetzen, *upaya.* Nur wenn wir versuchen, vorläufige begriffliche Einsichten in mitfühlendes Tun umzusetzen, kann tiefe Einsicht reifen.

Einige tibetische Gelehrte unterscheiden zwischen der *Weisheit des Weges,* die noch Worte, Begriffe und Bilder verwendet, *prajna,* tib. *sherab,* und der Weisheit jenseits von Worten, *jnana* oder *vidya,* tib. *yeshe, rigpa.*

Diese tiefe *nichtbegriffliche Weisheit* ist eins mit dem *unerschütterlichen tiefen Vertrauen* in Buddha-Natur, *sraddha*, in unser aller Fähigkeit zu erwachen.

Die Zen-Traditionen legen weniger Wert auf begriffliches Verstehen und verwenden den Begriff *prajna*, wie z. B. im Herz-Sutra, nur für die Weisheit jenseits von Worten und Begriffen. Erst diese Weisheit ermöglicht es uns, Befreiung von unrealistischen Vorstellungen und reaktiven Emotionen zu erfahren und vollständiges Erwachen zu entdecken.

Ein paar Momente tiefer Einsicht genügen allerdings nicht. Weisheit reift durch möglichst kluges und mitfühlendes *Handeln* in allen Lebenslagen. Sie manifestiert sich mehr und mehr als innerer Friede und heitere Gelassenheit, als freundliche Hin- und Zuwendung zu allen und allem, ohne diese wunderbaren Fähigkeiten als perfektionistisches Ideal zu predigen.

An ihren Früchten werdet ihr sie erkennen. Darin sind sich alle Varianten von Christentum und Mahayana-Buddhismus, die ich kenne, einig.

Wohlwollen

Mögen die Wesen nur Glück erleben,
frei sein von Leid, voller Freud',
in Gleichmut ruh'n.
DIE VIER UNERMESSLICHEN HALTUNGEN, LIEDFASSUNG

Freundliches Wohlwollen für uns selbst und anderen gegenüber entfaltet sich leichter, wenn wir bestimmte Einstellungen oder Haltungen kennen und pflegen: Liebe und Mitgefühl, Mitfreude und Gleichmut, Pali *metta*, *karuna*, *mudita*, *ekkagatta*, manchmal auch als Freundlichkeit, Mitgefühl, Freude und Gelassenheit übersetzt. Sie gelten als himmlische oder göttliche Zustände, *brahmavihara*, und unermessliche Haltungen, *apramana*.

Die tibetischen Traditionen raten: Liebe und Mitfreude üben wir, wenn es gut läuft, und Mitgefühl und Gleichmut helfen, aus schwierigen Erfahrungen das Beste zu machen.

Was ist Liebe bzw. Freundlichkeit, *metta*? Alle wollen nur das Eine: lieben und geliebt werden. Und wie finden wir diese Liebe, nach der wir uns so sehnen? Indem wir sie im Viererpack üben, d.h. im Kontext der anderen drei Haltungen, und zwar regelmäßig und das ganze Leben lang.

Als naher Feind der Liebe gilt Anhaftung,

und ihre fernen Feinde sind Ärger und Wut usw. Die Faustregel empfiehlt: Es handelt sich um Liebe oder freundliche Wertschätzung, wenn die drei anderen Haltungen im Hintergrund mitschwingen, und es ist Anhaftung und Festhalten, wenn sie fehlen. In der Phase der Verliebtheit oder Idealisierung projizieren wir in der Regel unsere Erwartungen in die andere Person und sind ent-täuscht, wenn der fehlbare Mensch hinter unseren Täuschungen auftaucht. Und dann werden wir wütend.

Was tun? Erkennen, nicht tadeln, ändern (Ayya Khema). Ich füge gerne hinzu: falls das gerade möglich ist, und dann weiterüben. Liebe ist und bleibt ein Wunder und ein inspirierendes und hohes Ideal, das wir nie durch eigenes Bemühen erreichen. Aber wir können den Weg zu einer freundlichen, wohlwollenden Haltung finden und gehen, wenn wir uns über gute Fähigkeiten und Eigenschaften in uns und anderen freuen und Mitgefühl und Gleichmut üben, wenn wir Schwächen und Fehler in uns und anderen, in den Umständen und in der Welt entdecken.

Liebe wird eine Himmelsmacht, die auf Erden wirkt und uns und die Welt zum Besseren verändert, wenn wir sie tagtäglich in der guten Gesellschaft von Freude, Mitgefühl und Gleichmut üben.

Zweifel

Zweierlei Arten des Zweifels gibt es.
Heilsamer Zweifel regt an
zum Erforschen der Dinge.
Der unheilsame Zweifel lähmt
und führt zu Trägheit und Unruhe.
TIBETISCHE WEISHEIT

Der frühe Buddhismus betont vor allem den *lähmenden Zweifel*, der ein Hindernis für konsequentes Üben und heilsames Handeln ist. Die Lehren beschreiben so viele hilfreiche Konzepte und Methoden, dass wir schnell unter der Qual der Wahl leiden. Wie sollen wir üben und was tun und was lassen?

Die tibetischen Traditionen schätzen Studium und Debatte. Das hat auch damit zu tun, dass Tibet im 8. Jh. mit der Einführung des Buddhismus erstmals eine Schrift bekam, angelehnt an das indische Sanskrit, und das logische Denken kennenlernte.

Viele tibetische Lamas lieben die Debatte und betonen daher den *konstruktiven Zweifel*, das Hinterfragen aller Ansichten und Meinungen. Das tun auch einige Schulen des Zen. Sie sprechen dann von Großem Glauben, Großem Zweifel und Großem Erwachen. Weniger missverständlich scheint mir die Übersetzung mit Großem Vertrauen, Hinterfragen und Erwachen.

Unentschlossenheit und Grübeln verhindern konsequentes Üben. Aber auch Selbstgerechtigkeit blockiert eine wirksame Praxis. Solange wir eine Übung oder Lehre für das einzig Wahre halten, geraten wir in viele Fallen. Wir benutzen sie dann zur Rechtfertigung unheilsamer Muster und halten unsere Fehler für irrelevant oder gar für Vorzüge. Wir verwechseln Stolz mit Selbstbewusstsein, Gier mit Wertschätzung, Rechthaberei mit Einsicht, Naivität mit Vertrauen und Wut und Ärger mit Klarheit.

Langfristige Beziehungen und Gespräche mit „Menschen im Plural" (Hannah Arendt) über die gemeinsame Welt helfen uns, Ansichten und Meinungen zu hinterfragen. Durch das Üben bestimmter Methoden über längere Zeit entdecken wir, ob sie halten, was sie uns versprachen.

Ausprobieren ist das Heilmittel für lähmenden und unheilsamen Zweifel. Regelmäßiger *Austausch* und respektvolle Debatte fördern den konstruktiven Zweifel und damit das Hinterfragen der eigenen Meinungen und Ansichten. Das kann gerade in Umbruchzeiten sehr dazu beitragen, Menschen mit anderen Meinungen nicht zu verteufeln, sondern ihre Aussagen als Anstoß zum Hinterfragen eigener Ansichten zu schätzen.

Anhang

Anmerkungen

1 Vgl. Batchelor, Stephen: Jenseits des Buddhismus. Eine säkulare Vision des Dharma. edition steinrich, Berlin 2017, S. 208ff.

2 Neumann, Erich: Ursprungsgeschichte des Bewusstseins. (Geist und Psyche.) 2. Aufl. Kindler, München 1974, S. 247.

3 Kamenetz, Rodger: The Jew in the Lotos. A Poet's Rediscovery of Jewish Identity in Buddhist India. HarperSanFrancisco, San Francisco 1994, S. 125.

4 Vgl. Okumura, Shohaku: Realizing Genjokoan. The Key to Realize Dogen's Shobogenzo. Wisdom Publications, Boston 2010.

5 Marti, Lorenz: Eine Handvoll Sternenstaub. Was das Universum über das Glück des Daseins erzählt. 7. Aufl. Herder, Freiburg im Breisgau 2020.

Leseempfehlungen

Buddhas Reden

Es gibt unterschiedliche Übersetzungen der Lehrreden in alle europäischen Sprachen. Im Verlag Beyerlein und Steinschulte finden Sie alle wichtigen Lehrreden des Buddha auf Deutsch, etwa: Längere Sammlung, Mittlere Sammlung, Gruppierte Sammlung, Angereihte Sammlung, Dhammapada. Siehe auch:
Köppler, Paul; www.buddhareden.de

Einführende Literatur zum Buddhismus

Batchelor, Stephen: Nagarjuna – Verse aus der Mitte. Eine buddhistische Vision des Lebens (Nagarjuna: Mulamadhamikakarika). Übersetzung aus dem Tibetischen und Kommentar von Stephen Batchelor. edition steinrich, Berlin 2011.

Ders.: Jenseits des Buddhismus. Eine säkulare Vision des Dharma. edition steinrich, Berlin 2017.

Ders.: Buddhas langer Weg nach Europa. 2500 Jahre Begegnung von Buddhismus und europäischer Kultur. Verlag Mittlerer Weg, Heidelberg 2019.

Buddhastiftung. www.buddhastiftung.org.

Kamenetz, Rodger: The Jew in the Lotos. A Poet's Rediscovery of Jewish Identity in Buddhist India. HarperSanFrancisco, San Francisco 1994.

Köppler, Paul: So lehrte der Buddha. Die schönsten und wichtigsten Lehrreden des Erwachten. Waldhaus Verlag, Nickenich 2020 (1. Aufl. 2016 unter dem Titel: So sprach der Buddha). (Die Auswahl ist nach Texten und Themen geordnet.)

Okumura, Shohaku: Realizing Genjokoan. The Key to Realize Dogen's Shobogenzo. Wisdom Publications, Boston 2010.

Shantideva: Eintritt in das Leben zur Erleuchtung. Poesie und Lehre des Mahāyāna-Buddhismus = (Bodhicaryaavatara). (Diederichs Gelbe Reihe 34.) Übers. aus dem Sanskrit von Ernst Steinkellner. 3. Aufl. Diederichs, München 1997.

Zotz, Volker: Buddha. Mit Selbstzeugnissen und Bilddokumenten. Rowohlt, Reinbek bei Hamburg 1991.

Weitere Literatur

Marquard, Odo: Glück im Unglück. Philosophische Überlegungen. 3. Aufl. Fink, Paderborn 2008.

Marti, Kurt: Die Psalmen. Annäherungen. Stuttgart: Radius 2004.

Marti, Lorenz: Eine Handvoll Sternenstaub. Was das Universum über das Glück des Daseins erzählt. 7. Aufl. Herder, Freiburg im Breisgau 2020.

Sylvia Wetzel im Buchhandel

Bücher von Sylvia Wetzel

Achtsamkeit und Mitgefühl. Mut zur Muße statt Hektik und Burnout. 4. Aufl. Klett-Cotta, Stuttgart 2019 (1. Aufl. 2014).

Erwachen und Erlösung. Eine Buddhistin interpretiert das Christentum. Patmos, Ostfildern 2019.

Fühlen ist Leben. Mit schwierigen Gefühlen umgehen. Herder, Freiburg im Breisgau 2018.

Grüne Tara – Freie Frau. Ein weibliches Bild des Erwachens. edition steinrich, Berlin 2022.

Das Herz des Lotos. Frauen und Buddhismus. 2. Aufl. der Neuausgabe. edition steinrich, Berlin 2018 (1. Aufl. S. Fischer, Frankfurt am Main 1999).

Hoch wie der Himmel. Tief wie die Erde. Einsichten und Übungen zu Liebe, Beziehung und Arbeit. Vollst. überarb. und erw. Neuausgabe. Patmos, Ostfildern 2022 (1. Aufl. Theseus, Berlin 1999).

Lass los, was dich beschwert. Meditationen für die innere Leichtigkeit. Herder, Freiburg im Breisgau 2018 (1. Aufl. unter dem Titel: Leichter leben. Praktische Meditationen zum Umgang mit Gefühlen. Theseus, Berlin 2002).

Meditieren – aber wie? Krisen in der Meditation überwinden. Klett-Cotta, Stuttgart 2018.

Mut zur Muße. Sich Zeit gönnen für das Wesentliche. Scorpio, München 2017

Vertrauen. Finden, was mich wirklich trägt. Scorpio, München. 2015.

Worte wirken Wunder. Reden mit Herz und Verstand. 2. Aufl., revidierte Ausgabe. Lehmanns, Berlin 2013.

Lama Thubten Yeshe: Die Grüne Tara. Weibliche Weisheit. Grundlagen des buddhistischen Tantra. Herausgegeben und übersetzt von Sylvia Wetzel. Diamant, München 1998.

Eine deutsche Übersetzung vieler Bücher von Lama Thubten Yeshe finden Sie im Diamant Verlag. www.diamant-verlag.info. Englische Werke von Lama Thubten Yeshe: www.LamaYeshe.com.

Zusammen mit Luise Reddemann

Mögen alle Wesen glücklich sein. Mitgefühl und Gerechtigkeit neu entdecken. Patmos, Ostfildern 2017.

Der Weg entsteht unter deinen Füßen. Achtsamkeit und Mitgefühl in Übergängen und Lebenskrisen. 2. Aufl. der Neuausgabe. Herder, Freiburg im Breisgau 2018 (1. Auflage 2011).

Aufmerksamkeit, Achtsamkeit und Erwachen – buddhistische Perspektiven. In: Reddemann, Luise (Hg.): Kontexte von Achtsamkeit in der Psychotherapie (Lindauer Beiträge zur Psychotherapie und Psychosomatik). 2., überarbeitete Aufl. Kohlhammer, Stuttgart 2017.

Über die Autorin

Sylvia Wetzel, geb. 1949, studierte Russisch und Politik, Abschluss 1975, befasst sich seit 1968 mit unterschiedlichen Wegen zur psychologischen und politischen Befreiung und seit 1977 mit dem Buddhismus. Ausbildung in der tibetischen Tradition bei Lama Thubten Yeshe, Zopa Rinpoche, Rigdzin Shikpo u. a. und zwei Jahre Praxis als Nonne. Wichtige Impulse kommen aus dem Rinzai-Zen, dem Theravada und dem Tara-Rokpa-Prozess. Mit ihrem kritischen Blick auf Kultur und Geschlechterrollen in Ost und West ist sie eine Pionierin des Buddhismus in Europa. In ihren Vorträgen, Kursen und Büchern macht sie komplexe Themen in verständlicher Sprache einem breiten Publikum zugänglich. Sie hat mehrere Schülerinnen ausgebildet und autorisiert, die ihre Arbeit weiterführen.

Informationen über Kurse:
Nives Bercht
Heckmannufer 4a, 10997 Berlin
030/618 12 14
info@sylvia-wetzel.de
www.sylvia-wetzel.de

Weitere Informationen zum Buddhismus

Buddhistische Dachverbände

www.dharma.de
(Deutsche Buddhistische Union e.V. DBU)
www.buddhismus-austria.at (Österreich)
www.sbu.net (Schweiz)

Buddhistische Zeitschriften

Buddhismus Aktuell. www.buddhismus-aktuell.de
(DBU e.V.)
Ursache & Wirkung. www.ursache.at

Buddhistische Verlage

www.arbor-verlag.de
www.buddhareden.de
www.buddhistischer-studienverlag.de
www.dharmata-verlag.de
www.diamant-verlag.info
www.edition-steinrich.de
www.theseus-verlag.de
www.zeh-verlag.de

Buddhistisches Online-Archiv

www.berzinarchives.com
(Texte aus unterschiedlichen buddhistischen Traditionen und in unterschiedlichen Sprachen)